中国少数民族人口丛书

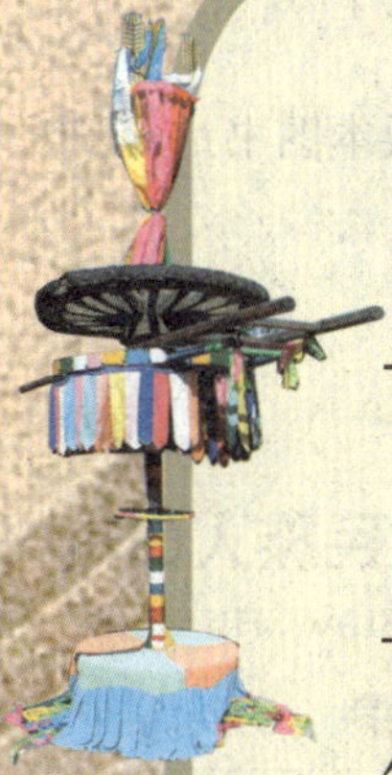

土族

翟振武 主编

东永学 著

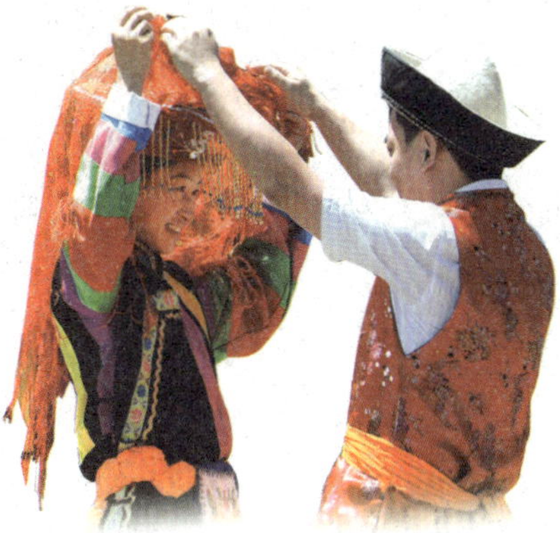

图书在版编目（CIP）数据

土族/东永学著．—北京：中国人口出版社，2013.5(2022.7重印)
（中国少数民族人口丛书）
ISBN 978-7-5101-1800-5

Ⅰ.①土…　Ⅱ.①东…　Ⅲ.①土族—民族文化—中国
Ⅳ.①K283.1

中国版本图书馆CIP数据核字（2013）第114750号

中国少数民族人口丛书　土族

ZHONGGUO SHAOSHU MINZU RENKOU CONGSHU　TUZU

翟振武　主编　　东永学　著

责任编辑　张宏文
美术编辑　刘海刚
责任印制　林　鑫　王艳如
出版发行　中国人口出版社
印　　刷　北京兴星伟业印刷有限公司
开　　本　710毫米×1000毫米　1/16
印　　张　10.25　插1
字　　数　142千字
版　　次　2013年5月第1版
印　　次　2022年7月第2次印刷
书　　号　ISBN 978-7-5101-1800-5
定　　价　42.00元

网　　址　www.rkcbs.com.cn
电子信箱　rkcbs@126.com
总编室电话　(010) 83519392
发行部电话　(010) 83510481
传　　真　(010) 83538190
地　　址　北京市西城区广安门南街80号中加大厦
邮　　编　100054

中国少数民族人口丛书编委会

序

如果把一个民族比作一颗星星，那我们就是生活在一个繁星满天的世界。当今世界上有约3000个民族，分布在200多个国家和地区，绝大多数国家由多个民族组成。中国也是同样，是由各族人民共同缔造的统一的多民族国家。在漫漫的历史长河中，生活在中华大地上的各族人民密切往来、交流融合、团结奋斗、休戚与共，形成了一个伟大的强盛的中华民族大家庭，共同开发了祖国的美好河山，共同推动了国家的发展和社会的进步。

在中华民族的大家庭中，有56个成员，其中有55个是少数民族。新中国成立以来，少数民族人口一直持续增长。1953年第一次全国人口普查时，少数民族人口总数为3532万人，占全国总人口的6.1%。2010年进行第六次全国人口普查时，少数民族人口总量达到了1.14亿，几乎是1953年的3倍，占到了全国13.4亿人口的8.5%。各少数民族人口数量相差较大，如壮族有1693万人，回族1059万人，满族1039万人，维吾尔族1007万人，而赫哲族只有5354人，塔塔尔族3556人，独龙族6930人。中国各民族的人口分布呈现大散居、小聚居、交错杂居的特点。汉族地区有少数民族聚居，少数民族地区也有汉族居住；许多少数民族既有一块或几块聚居区，又散居全国各地。中国少数民族聚居区大都地广人稀，资源富集。少数民族地区的草原面积，森林和水力资源蕴藏量，以及天然气等基础储量，均超过或接近全国的一半。全国 2.2 万多公里陆地边界线中的 1.9 万公里在民族地区。全国的国家级自然保护区面积中民族地区占到 85%以上，是国家的重要生态屏障。中国各民族的起源和经济、社会、文化的发展有着本土性、多元性、多样性的特点，五彩缤纷，丰富多彩。

要全面认识中华民族，就要从认识每一个民族开始。正是从这个理念出发，我们编写了这套《中国少数民族人口》大型系列丛书，力图从历史、文化、经济、社会等各个方面，用准确、科学、生动的语言，全方位描述和展现各少数民族灿烂辉煌的历史和现状，编织出一幅绚丽多彩的中华民族大家庭的“全家福”。

编写这样一套大型系列丛书，难度非同一般。几经论证和深入研讨，最终形成了编写大纲，这套丛书各个分卷的作者绝大多数由少数民族作家担任，他们不仅熟悉自己民族的历史和文化，而且对本民族有深厚的感情。在国家新闻出版总署、国家人口计生委和中国人口出版社的大力支持下，作者们历经数年，几易其稿，终成此书。值此丛书出版之际，我们衷心地祈愿这幅“全家福”能为民族的交流和团结，为中国的文化建设，为整个中华民族的繁荣昌盛，作出一份微薄的贡献。

翟振武

2012 年 5 月于北京

PREFACE

Every nationality sparkles like a star in the firmament. Now we have about 3000 stars distributed across the world in more than 200 countries, most of which are multinational. So is China, which consists of a number of nationalities. For centuries, all the nationalities have lived together, worked together and fought together, making China a prosperous unified multinational country.

Of all the 56 nationalities in China, 55 are minorities whose population has been increasing since the founding of The People's Republic of China. According to the first census in 1953, the minority population was about 35. 32 million, accounting for 6. 1 percent of China's total population. By 2010, the number had almost tripled. According to the sixth census, the population of the minorities amounted to 114 million, making up 8. 5 percent of the 1. 34 billion people in China. The population size of minority groups varies a lot. Some of them have a large population, for example, the Zhuang Nationality has a population of 16. 93 million; the Hui has 10. 59 million people and the Manchu consists of 10. 39 million people. Some of the minorities are quite small, such as the Hezhe, the Tatar and the Drung nationalities, which have populations of 5354, 3556 and 6930, respectively. China's nationalities live together over vast areas with some living in individual, concentrated communities in small areas.

Some minorities'concentrated communities are scattered among the Hans, and some Han people also live in the minority communities. Some minorities may have one or more concentrated communities, while their people spread all over the country. Most minorities'concentrated communities have their people sparsely distributed in large areas with abundant resources. The grassland, forest, water and natural gas reserves in areas inhabited by minority people account for about half of China's total. Further, 19 000 kilometers of the nation's 22 000-kilometer land boundary are in minorities'communities. In addition, 85 percent of the country's state-level natural reserves are in the minority areas, making the people important guardians of China's ecology. Each of the nationalities'origin is unique, and their development of economy, society and culture is full of variety.

Only by learning every aspect of the minorities'lifestyle can we have a comprehensive understanding of the Chinese nation. Under this notion, we write this series of books on the Population of China's Minorities to provide a detailed picture of our Chinese nation, with the glorious past and prosperous present of the country's minorities.

It is through trials and tribulations that we write this spectacular series of books. Most of the authors, who have profound knowledge of the minorities and wrote the books with their strong emotions, are members of minority groups. With the great support of the National Publication Foundation, the National Population and Family Planning Commission and China Population Publishing House, the authors completed the books after years of unremitting endeavor.

On the publication of this series of books, we are looking forward to seeing these books contribute to the unity of the Chinese nation and help our country flourish in the future.

Zhenwu Zhai
Beijing
May 2012

目录

Contents

综　述

在你的眉心抹酥油
祝福你增福又增寿

在你的身上撒炒面
祝福你歌声满山川

再敬你美酒和奶茶
祝福再搭恩爱桥

这是土族婚礼当中的一曲赞歌，它唱出了土族人民举行婚礼时答谢媒人的一些礼节仪规，看过土族婚礼歌舞的人，从这唱词中就能看出自喻为“彩虹部落”的土族人独特的民俗风情；没有看到过土族婚礼的人，从这诙谐、活泼的唱词中也能感受到土族人的人情练达。

土族聚居于青海省东部湟水流域、甘肃青海两省交界处的大通河流域的七个县及其毗连地区，互助土族自治县是土族居住的全国唯一的土族自治县。

土族聚居区属于温带大陆性气候或高原气候；自然环境复杂多样，

有高山、中山、低山、浅山、河谷、川水地区等不同的地形地貌。在不同的自然地理环境下，适合当地的经济发展模式也是不同的，比如互助、民和和同仁等地土地肥沃、气候温暖，适合发展农业，其中互助县是全国商品粮基地县；而大通和天祝等地多为高山或浅山，适合发展林业和畜牧业。

土族根据居住地分为四大聚集地，因为融合的民族成分不同，各地土族有多种自称。中华人民共和国成立后，依据党的民族政策和本民族意愿，统一称为土族，根据 2010 年第六次全国人口普查统计，土族人口数为 28 万多。

土族有本民族的语言，属阿尔泰语系蒙古语族。历史上土族没有本民族文字，1979 年国家帮助土族创制了以拉丁字母为基础的文字。

土族生存的家园，资源丰富、风景秀美、民风淳朴。互助土族自治县境内的北山林区，脉接祁连，势揽河西，是国家级森林公园，也是国家地质公园。佑宁寺为藏传佛教名刹，素有“湟北诸寺之母”盛誉。南门峡、五峰寺皆为旅游名胜。更有小庄土族民俗旅游业如火如荼，扬名全国。此外，大通回族土族自治县境内的老爷山、鹞子沟，民和回族土族自治县境内的古鄯药水泉、官亭渡，同仁县保安古城，魅力各具，吸引四方游客。

长期以来，土族民间形成了独特的民风民俗，积淀了丰富的非物质文化遗产，2006 年，互助土族自治县申报的“拉仁布与琪门索”，“花儿（丹麻土族花儿会）”，“土族婚礼”，入选第一批国家级非物质文化遗产名录。

2008 年，青海省互助土族自治县申报的“土族轮子秋”，“土族服饰”，入选第二批国家级非物质文化遗产名录。

2010 年，青海省互助土族自治县的“安召”，入选第三批国家级非物质文化遗产名录。

另外民和县、同仁县都有多项民间文学艺术列入国家级、省级非物质文化遗产保护项目。

土族民间音乐主要有：婚礼歌、叙事歌、“安召”舞曲、赞歌、问答歌、“花儿”（情歌）、儿歌、劳动歌曲和宗教歌曲，种类繁多，争奇斗艳。在众多民间歌舞形式中，以“安召”舞和“轮子秋”最为著名。

每逢节庆日，土族群众不论男女，都环绕着家中的“转槽”转“安召”。他们边唱边舞，情绪热烈，曲调悠扬，舞姿优美。“轮子秋”为秋千的一种，是土族人民独创的娱乐活动。此外，群众性集会形式的“花儿”会群众基础深厚，历史悠久，长盛不衰。土族“花儿”曲调优美、深沉、婉转，极富感染力。

作为民俗列入国家级非物质文化遗产保护项目的土族婚礼，充分表现了土族人民的热情、乐观、诙谐和智慧。整个婚礼犹如一出群众性的歌舞剧，起承转合，美不胜收，其内容之丰富、程式之严谨、表演之投入、寓意之深刻，令人叹为观止。

土族服饰具有独特风格，色彩搭配和谐自然，制作技艺精妙绝伦，充分体现了土族妇女高超的刺绣技艺和对美的独特的感悟能力。

我国是农业大国，在漫长的农业进程中，不同民族创造了不同风格的刺绣技法，在这些刺绣技法中，唯独土族盘绣采用的是一针两线的刺绣方法。

在制作盘绣前，土族阿姑首先要选取坚韧的胡麻锤制，经过细心锤制的胡麻会变得十分柔软，但是胡麻之间相互牵连的纤维并没有断裂，而是绞成了薄薄的一片。继而将胡麻榨油剩下的麻渣制成的糨糊，平铺在胡麻上，并粘上或黑或蓝的底布，然后在底布上用粉笔画出花样，并按照此花样开始绣花。

土族盘绣花样繁多，有表示土族先民宇宙观的神秘的圆形图案，有具有神秘图腾意味的几何图案，然而更多的则是各种花卉图案和表示吉祥的云纹图案，它们都是土族先民在日常生活中对自然的感悟，对美好生活的向往。

历史悠悠，兴衰更迭。

土族聚居的地区有丰富的旅游资源，可开展土乡风情游、森林公园生态游、宗教寺院游、酒文化游等多层次的旅游业务，从而带动其他产业的发展。近年来，环青海湖国际公路自行车赛的举办为世界了解土乡增添了新的契机。通过资金、技术和人才的投入，加大基础设施投资力度，加快城镇建设的速度和规模；改善经济结构，增大第二、第三产业的产值以加强对周围农村的辐射功能；吸引农村人口，促使当地一部分农业人口向非农业人口转变，从而改变了土族生活地区的城乡分布。

当然，强调经济发展的同时，要兼顾环境保护，进一步协调人口与社会、经济、资源、环境的关系，走可持续发展的道路；只有这样，才能进一步加快土族地区各民族繁荣振兴的步伐。

土族地区各项建设事业发展很快，尤以青海省互助土族自治县的发展最具代表性。目前，全县大力发展园区经济，已初步建成高原特色现代农业示范园区、青稞酒产业及民俗旅游生态园、塘川工业区和红崖子沟工业区。城镇建设步伐迅速，基础设施不断改善，科教文卫快速发展，人民生活水平显著提高。

物华天宝，人杰地灵。

在构建和谐社会的今天，土族儿女正在用勤劳的双手建设自己美丽的家乡。新时代、新家园、新农村、新征程。祁连山下，物阜民康；河湟两岸，海晏河清。彩袖翻飞舞“安召”，“花儿”新曲唱盛世。

总之，土族文化有自己独特的一面，同时在社会大发展、大变革的前提下，也发生着一定的变化，这本书着重介绍的是土族的传统文化，也是应该保留的民族文化的精华。

第一章

传说我们的根在东北

只要有三个土族人集中到一起，只要有酒杯端起来，只要有人领头，就会唱起一首传唱已久的古歌——

蒙古尔汗的子孙啊，
唱起蒙古尔自己的歌谣吧，
用歌声把心中的情感表达。

这是举行婚礼或在所有的喜庆场合，土族人进行歌舞欢庆之时必需的开场白，而这首古歌引出了有关土族的来源之说。

关于土族的族源，学术界有吐谷浑说、蒙古说、阴山白鞑靼说、沙陀突厥说、多源混合说等各种说法，至今多数土族倾向于“吐谷浑说”。

第一节　土族自称“蒙古尔”

青海省互助土族自治县的土族人自称“蒙古尔”（蒙古人）、“察罕蒙古儿”（白蒙古），这种寻根之说和一则民间传说紧紧联系在一起。

互助土族中，广泛流传着一个祖先来自蒙古人的传说，传说成吉思汗手下大将格日利特（格热台）率部打仗到互助一带，因战场失利留驻今互助县一带，以后与当地霍尔人通婚，逐渐繁衍而成土族，至今有些土族人把格日利特当作本家族的祖先来崇拜和供奉，而有些家族把他尊奉为家神供奉。

汉文史籍也有成吉思汗所部蒙古军曾来西宁一带的记载。当时互助县属西宁州治，可与传说印证。

明代安定卫的蒙古人受到攻击，迁至今互助土族自治县。至于霍尔人，原是藏族对居住在西藏北部以及西藏以北地区的游牧民族的泛称。藏文史籍曾用以指回鹘或蒙古，近代则已专指土族。互助县土族地区的合尔郡、合尔屯、合尔吉、贺尔川等地，传说是因为居住着霍尔人而得名。据研究，土族传说中的霍尔人很可能就是吐谷浑人。这与民和县境内的土族人自称“土昆”（音吐浑）相合。当然也有人认为霍尔是胡儿一词的同音异写法。源于吐浑、西夏、契丹、蒙古和匈奴部落中的邀濮，即辽金时期的阻卜和蒙古是主要部分。这就把土族的族源推溯到更早的时期了。

《西宁府新志》里有明确记载：说明朝正德年间，蒙古大酋亦不剌等进入青海，安定卫的元宗室卜烟帖木儿所部受到攻击，“部众散亡，仅余者徙居西宁沙棠川威远城东”。藏族文献《佑宁寺志》里也有记载，说土族是蒙古人和河湟地区的霍尔人通婚形成的。

也有人从土族姓氏当中考证土族和蒙古族的渊源，例如，从“祁”姓的来历印证土族来源于蒙古族，说忽必烈的第七子奥鲁赤是西平王；奥鲁赤的长子为八的麻的加，世袭西平王；八的麻的加的长子为贡哥，世袭西平王。青海河湟地区是西平王的府地，青海的湟水河也由此得名“皇水”。奥鲁赤忠诚于黄教，他出于政治目的在河湟地区兴建了“塔尔寺”和“佑宁寺”，同时青海省互助县周边地区驻防大量的蒙古

皇家部队直到明初。西平王贡哥在冀宁路（山西太原）被朱元璋部队俘虏，而后降。西平王贡哥回青海原封地为明服务，此时以祖姓祁（齐、奇）为姓，称之为祁贡哥，位为星吉，在明王朝时为土司地位。祁贡哥的行为为背叛蒙古族的行为，从此青海蒙古族与其他蒙古族不再来往，至今青海蒙古族（土族）的语言仍旧保持着13世纪蒙古语的特征。

第二节　我们是吐谷浑的后裔

古歌及传说以口传文学的忧伤和怀古情怀表达着一种不忘民族之本的情思，而很多土族或别的民族学者也一直在努力寻找、探究土族的族源。

寻根是每个民族一条剪不断的脐带，土族也一样，大家努力寻找自己的民族根源。至今多数学者及土族人支持吐谷浑说，认可土族是鲜卑支系吐谷浑人的后裔。

吐谷浑，原为辽东鲜卑慕容氏部落首领之子。3世纪末，因部落内部产生矛盾，吐谷浑从遥远的辽东率部西迁，先“西附阴山”（即今内蒙古河套北之阴山），接着又乘“永嘉之乱”率部“度陇而西”（《晋书·吐谷浑传》），到达今甘肃北部和青海东部地区，逐水草放牧，并建立了吐谷浑汗国。

有关这段历史有一个传说，传说当时游牧于辽东地区的鲜卑族慕容部落首领涉归有两个儿子，长子吐谷浑是庶出，弟弟慕容廆是嫡出，因为兄弟不和，哥哥决心率领1700帐西迁，弟弟慕容廆派老臣乙那娄赶去劝说留下，吐谷浑决心已下，提议以马跑的方向定去留。马向东跑了几步之后果然掉头向西奔去。吐谷浑说，这是天意，西去会找到水草丰美的地方。乙那娄只好沮丧地回去。吐谷浑率部艰难跋涉，在内蒙古一带游牧数十年，后经甘肃终于到达草肥水美的青海湖畔。

吐谷浑死，长子吐延继位。昂城（今阿坝）羌酋姜聪刺吐延，伤致命，死时嘱咐其子叶延迅速保卫白兰（今青海巴隆河流域布兰山一带）以巩固其统治。叶延在沙州（今青海省贵南县穆克滩一带）建立慕克川总部，设置司马、长史等官。以祖父吐谷浑为其族名，从此，吐谷浑由人名转为族名。

吐谷浑部的西迁是一次长达30年的艰苦卓绝的长途旅程。他们西迁的时代是中国历史上的两晋十六国时期，这是继春秋战国之后的又一个乱世，又是一个群雄并起的时代。但这一次逐鹿中原的主角是来自北方的马背民族，鲜卑族、匈奴族、羌族、氐族、羯族等民族从今天的蒙古草原、东北、西北等地呼啸而来，在从东起山东，西至新疆，南到淮河长江的辽阔土地上先后建立了十六个小国家。吐谷浑部在青藏高原建立的吐谷浑王国是十六国之外又一个颇具影响力的少数民族政权。

在被马群神秘地指引向西方后，吐谷浑部就义无反顾地从富饶的辽东老家出发，一路向西，跋山涉水，穿过了今天的辽宁北部、内蒙古草原的南部边缘，在呼和浩特以西、阴山以南的河套平原停住了脚步，在这一带游牧了近20余年。这片地方原是长期与汉朝对抗的匈奴人的家园，气候温和，水草丰美，非常适于游牧民族居住，从东北和漠北向中原挺进的游牧民族大都先迁徙到这里。

吐谷浑部刚到这片地方的时候，这一带势力最强的拓跋鲜卑部落恰好发生了内乱，自顾不暇，因此，吐谷浑部落才暂时在这儿立住了脚。大约十余年后，拓跋鲜卑强大起来了，居住在黄河内外的少数民族部落大都臣服于拓跋部，吐谷浑部不得已也向其低头。公元312年，不愿意仰人鼻息的吐谷浑可汗不顾自己年老体衰，乘拓跋部再次发生动乱之机，摆脱其控制，率领族人又一次向西迁徙。这一次，他们朝着青藏高原进发，其迁徙路线大致是从阴山往西南，逾陇山，又西渡

洮水。这一带土地肥沃，已被同是鲜卑人的河西鲜卑（即后来建立了南凉王国的秃发部）、陇西鲜卑（即后来建立了西秦王国的乞伏部）捷足先登，吐谷浑部难以与之争衡，因此，他们继续西行，来到了枹罕（今甘肃临夏回族自治州）西北的罕原广大地区，在这儿落地生根了。这块地方后来成为吐谷浑人向广大羌人聚居区推进的桥头堡，而草原王国吐谷浑长达350多年的历史从这一年起就正式开始了。

公元317年，一生处在颠沛流离之中、始终坚定不移地为部落寻找一块繁衍生息之地的吐谷浑，在完成了民族迁徙的历史使命后，溘然与世长辞，享年72岁。作为一个民族和王国的开创者，吐谷浑享有崇高的威望，受到了后人的无限敬仰。公元329年，为了纪念吐谷浑，他的孙子叶延，一个自幼好学、仰慕中原儒家文化的少年可汗用祖父的名字作为王族姓氏，并立国号为“吐谷浑”，正式建立了国家政权。从此，人们用“吐谷浑”来称呼这一支慕容鲜卑和他们在西北建立的草原王国。

吐谷浑进入西北后，融合羌、氐等部族，使吐谷浑政权逐渐得以巩固和壮大；吐谷浑积极吸收先进汉文化，主动改善与南北朝的关系，仿效内地汉族政治制度，设立官职；在经济上加速与中原和周边地区的贸易往来，进一步促进了国内经济的发展；吐谷浑所处的地理位置，正当中西陆路交通的要道，在南北朝对峙，北丝绸道时为所阻的形势下，吐谷浑开拓的丝绸南道，发挥了巨大的作用。吐谷浑与东魏、隋、唐、吐蕃、突厥、党项等民族不断联姻，推进了西北各民族血缘的交融。及至唐代龙朔三年（663年），吐蕃收服吐谷浑。亡国后的吐谷浑人，一部分融入吐蕃及汉族等之中，未被同化的部分吐谷浑人则融入了蒙古、藏、回等民族成分，散居于青海东部及甘肃天祝等地，以“土人”身份出现。今日的中国土族，一直活跃在中华民族的历史舞台上。吐蕃对青海的贡献很大，唐蕃古道的开通，促进了青海各民族的经济发展和文化交流；唐蕃之间的联姻与会盟，对各民族和睦相处，共同开发祖国西部产生了积极影响。在长期的历史发展中，吐谷浑和吐蕃两大民族共同为创建西部文明作出了重要贡献。

第三节　逐水草而居到定居河湟

吐谷浑王国存在了350多年，之后在金戈铁马的民族纷争中灭亡了，土族人民经历了自己艰难而辉煌的历史发展之后，定居湟水河、大通河、隆务河三河河谷地带，在与其他兄弟民族错居杂处的环境中“依山傍险，屯聚相保，自守甚严”（［清］梁份著《秦边纪略》卷一），其民族凝聚力日渐增强。但是，避居一方，大片的草原牧场没有了，土族人为了生存，定居之时开始学习兄弟民族的农业耕作技术，游牧生活开始转向农业文明。

此时一曲上千行的土族垦荒歌又流传开来，它从人类的起源唱起，唱到土地的生成，佛祖的产生，五谷的来历，以及人类学会种植、收获等。

每一个民族的发展都有其艰难曲折，土族人同样经历了其中的艰难困苦，土族为了教育后代不忘本，除了流传深远的垦荒歌，还流传着一支有关农耕文化的神话歌谣《三岁娃娃》。歌谣唱到土族祖先开始不会种庄稼，上天派来了一个能干的三岁神童，三岁娃娃开始上天捉青龙耕地没有成功，又到神山捉野牛耕地也没有成功，最后到滩地里捉来了黄牛，三岁娃娃此刻——

扎上柏木的鼻圈，
拴上牛毛的缰绳，
驾上桦木的轭头，

套上铁铸的犁铧，
犁了南滩犁北滩，
荒滩从此变良田。

土族儿女定居山水之地，最初的目的是避难躲灾，因为湟水河流域、大通河流域、隆务河流域多崇山峻岭，山岭间又多草木清水，游牧习俗的不能忘怀，或是王朝覆灭的心悸，祖先选择三河河谷为生存之地应是明智之举。

祖宗的明智为后代留下了宝贵的遗产，至今土族儿女生活在青山绿水间。三河谷地雄踞青藏高原大坂山与积石山之间、黄河最大支流——湟水流域肥沃的三角地带。这里山川相间，地貌奇特，是黄河流域人类活动最早的地区之一。从甘肃省会兰州西上，经青海省会西宁直至美丽的青海湖畔，在这条长达 300 多公里的风景长廊之内，不但城镇密布、物产丰富，而且山水风光旖旎，文物古迹众多，宗教圣地林立，自然景观古老、纯朴，别具一格。丰富的文化遗存、古老的宗教文化和多彩的民族风情，构成了一条令人神往的西部风景线。

原始社会末期，在河湟谷地形成了著名的卡约文化。它是以 1923 年首次发现于湟中县云谷川的卡约村而得名。卡约文化充分显示了当时人们农牧兼营，过着相对稳定的定居生活。卡约文化的陶器制作更加丰富，有双耳罐、四耳罐、杯、瓮、豆、鬲等，彩绘以赭色为主，花纹丰富多彩，并出现了羊、鹿、狗等动物图纹。

众多古老文化的交替出现，使河湟谷地的历史文化显得古老而灿烂。这条湟水古文化带上到处可见的遗址，留给我们的是一条完整旅游考察线，从民和核桃庄到乐都柳湾，从互助高寨到大通孙家寨湟中卡约，只要沿湟水河而上，沟汊、台地、土坡上，古文化遗址交错分布，古老的传说如袅袅炊烟，生生不息。

河湟各地的彩陶，使许多善于“寻根”的人士感慨万千。河湟谷地的彩陶，更让许多善于“寻梦”的人们流连忘返。在青藏高原与黄土高原的结合部，在黄河的最上游，能有如此完整的古文化遗址，留给人们很多的思考。

历史的脚步走到21世纪，土族呈现出小聚居大分居的格局，居住地主要包括四个方言区，他们是互助、天祝、民和、同仁四个地区。

互助土族自治县被誉为“彩虹的故乡”，是全国唯一的一个土族自治县。土族的吉祥物是彩虹。每逢佳节盛会，飘袖舞虹，融入天人合一、福祥长臻的境界。因而，土族被喻为“彩虹民族”，土族地区素称“彩虹的家乡”。

“花儿”会场上的土族三妯娌　（祁文汝摄）

互助土族自治县，位于青海省东北部，县境北依祁连山支脉达板山，与海北州门源县相接；南以湟水河为界，与平安县相望；西靠大通县，西南与西宁市相连，东南与乐都县接壤；东北部与甘肃省天祝藏族自治县、永登县毗邻。

县城威远镇距西宁市 40 公里，走进互助县城威远镇，首先映入眼帘的是威远古镇十字街头的——鼓楼。

修建于明代洪武年间的钟鼓楼　（祁文汝摄）

鼓楼修建于明朝天启四年。鼓楼高 18.9 米，三层，木结构建筑，雕梁画栋、飞檐斗拱、雍容大方；四角悬挂风铃，脊上饰以琉璃走兽，蔚为壮观，至今保存完好，成了土乡的象征。

每年的农历正月十五，土族儿女都要围着鼓楼跳起吉祥的安召舞，这是几百年的古老习俗，既为酬神，也为迎接春天的到来。

互助县宗教历史悠久，有宋、明、清时期的佛教、道教寺院 20 余座，其中规模较大的有三座寺庙，即佑宁寺、五峰寺、却藏寺，它们呈“品”字形坐落于互助境内的东、西、北三个不同的地区。互助宗教文化源渊流长，高僧大德层出不穷，明清时期佛教最高地位的称号“呼图克图”，互助就占 7 个，历史功绩明显，地位显赫。

佑宁寺被誉为“湟北诸寺之母”，坐落在距县城威远镇以东 35 公里的五十乡寺滩村。

五峰寺位于互助县城西北15公里处的五峰乡白多脑村，距省会西宁45公里，因五座山峰并立，故名五峰山，山上有寺院故叫五峰寺。五峰寺始建于明朝崇祯十五年，即1642年。属于道教寺观，是中国古典式庙宇建筑。清朝时就被称为“湟中八景”之一。

始建于10世纪末（藏传佛教后弘期）的白马寺是省级文物重点保护单位，位于互助县红崖子沟乡白马寺村，寺院建在红崖子沟沟口东侧的山崖上。

却藏寺，藏语称“却藏具喜不变洲”，后易名“佛教宏扬洲”，因大清国国师章家佛的出现名振西北地区。

此外，互助境内还有天门寺、馒头寺、甘冲寺、扎隆寺、花园寺、松番寺等宗教历史悠久的旅游景点。

甘肃省天祝县也是土族聚居地之一，地处河西走廊东端，这里有朱岔土族乡、天堂乡等土族聚居区。据调查，天祝县土族多半来自青海互助地区，大多是明清时期以及民国时期为生活所迫迁居此地，因那时天祝地区山高水险，林深草密，适于生存。

天祝地势西部高峻，而东南逐渐变低。属青藏高原、黄土高原和内蒙古高原的交汇地带。海拔2040～4874米。境内4000米以上的大山有马牙雪山、雷公山、牛头山等。

这里峰峦叠嶂，山顶终年白雪皑皑，山涧森林茂密，流水潺潺，景色秀丽，矿藏丰富。这里自古就是通往西域的咽喉要道，素有“河西走廊门户”之称。

天祝境内气候复杂，属寒冷高原性气候。然而，就这高寒山地有一种动物像雪莲一样顽强地展示着自己的风采，它就是天祝县享誉西北甚至全国的白牦牛。

蓝天白云，绿草茵茵，天祝白牦牛如珍珠般撒满雪域草原，因其全身毛色纯白，被誉为草原上盛开的“雪牡丹”。

相传 100 多年前，天祝地域人烟稀少，水草丰美，藏族牧民逐水草游牧，当时就有少量的白牦牛个体存在，由于天祝白牦牛不仅是当时给朝廷的贡品，而且能染色，经济价值高，是远销国内外的珍品。可制作古戏装和圣诞老人的胡须、蝇拂、刀剑缨穗及假发等，加之肉质鲜嫩，食之有野味，深受消费者青睐，因此，来天祝收购毛、肉的商人很多，促使当地牧民注重繁育白牦牛。

说起同仁县，也许外地的人们很少知道，但一说到热贡艺术，很多人肯定会说：知道，了不起！

其实，作为土族儿女安居的又一处福地，同仁除以唐卡、堆绣、雕塑等以藏族为主的“热贡艺术”外，还有说不尽的土族文化话题，比如充满神秘色彩的土乡民间“六月会”、土族“於菟”（wu tu）舞、丹霞地貌。

“热贡艺术”是藏传佛教艺术的重要组成部分和颇具广泛影响的流派，从 15 世纪开始，发祥于青海省黄南藏族自治州同仁县境内隆务河流域，此处不作过多叙说，只说同仁土族在此地的历史传统及文化。

现仅存于青海同仁县年都户村土族的《跳於菟》传统民俗仪式，是古羌部族虎图腾崇拜的一种遗俗。为了驱除附着于各家的疫病与晦气，预祝新一年中家家人畜兴旺、五谷丰登，因此当地土族在每年农历 11 月 20 日，要举行《跳於菟》驱傩仪式。

於菟舞是娱神活动，在当地不光是土族人，还有蒙藏汉民族也参与其中，这在当地有说法。

同仁土族，他们的语言比较特殊，既不同于互助土族的语言，又不同于当地藏族的语言，其语言中含有周围几个兄弟民族的语言成分。

相传，在很久很久以前住在一起的藏族、土族、汉族、蒙古族四个民族，因语言不丰富，使他们相互间的交往有很大困难，全靠用手脚比画来说明。可是，有些比较复杂的事，用手脚比画了半天，费了很大劲，还是说不明白，还常常闹出一些误会和笑话。

有一天，四个民族各选派出一人出去学习语言，他们走了很远很远，也走得很疲乏。土族走得很累了，就在半路上睡了一觉，睡了很长时间。他醒来一看，别的人一个也不见了，他赶了好久还是没有赶上，就住在路上等他们。等藏族、汉族、蒙古族兄弟学习语言回来以后，就从他们所学的语言中各学了一些带回家来。所以，现在同仁土族的语言中就有汉族、藏族和蒙古族的语言了。

同仁的农历六月是土族人民和其他兄弟民族的喜庆时节，其时有以表演“於菟舞”为主的“六月会”。

“六月会”祭祀活动中最突出的特点就是“以舞娱神”。土族、藏族人民通过这种古老的舞蹈祈求神灵保佑这方土地五谷丰登、六畜兴旺、风调雨顺，这是这一古老民间祭祀活动的终极目的。整个祭祀活动处处显现出原始巫风的遗迹。在这里，“巫风就是舞风”，“祭坛就是舞坛”，他们的舞蹈规模之大、人数之多、时间之长、体系之完整规范，在当今现存的民间舞蹈文化形态中是较为罕见的。

第四节　土族的“梁祝曲”和叙事长诗

《拉仁布与琪门索》是土族民间叙事长诗，这部叙事诗长达300多行，描写了一个爱情悲剧。它是土族流传最广、影响最大的优秀民间叙事诗，堪称土族的“梁山伯与祝英台”。它用土族口语创作并演唱，并以口耳相传的方式在群众中相沿传袭，至今仍为活态的口头文学形式。

《拉仁布与琪门索》生动细腻地描绘了一个爱情悲剧故事——

沟里的阿吾拉仁布，
滩里的阿姑琪门索，
当雇工的阿吾拉仁布，
好心肠的阿姑琪门索。

这是这首叙事长诗的开头一节，故事从介绍人物身份开始，叙述热情、美丽的姑娘琪门索，爱上了给她哥哥放羊的长工拉仁布。他俩在共同放牧的劳动生活中，建立了纯洁的爱情，并在山上结为夫妻。

琪门索的哥嫂知道这件事后，对琪门索又打又骂，把她锁在家中，不准她与拉仁布见面。她的哥哥还穿上她的衣服，暗藏尖刀溜到山上，将放牧归来的拉仁布活活刺死。

当庄子上的人按土族习俗火化拉仁布时，烧了三天三夜没烧着。琪门索听到消息，挣扎着爬到火葬现场，将耳环、手镯、衣衫等一件件投入火中，可尸体仍旧烧不着。琪门索忽然醒悟，她悲愤欲绝地唱道——

你不着来我知道，
盼我和你一块烧，
五尺身子舍给你，
一块烧到天荒和地老。

唱罢，愤然纵身跳入火中，熊熊大火立即燃烧起来，尸体瞬间化为灰烬。

狠心的哥哥把他俩的骨灰分埋在一河两岸，三年后两岸各长出一棵合欢树，隔河连理连枝。狠心的哥哥又把树砍倒，劈成木柴放进灶里焚烧。火点燃后，只见升腾的烟雾化为一道七彩虹霓，从烟囱里飞出一对美丽的“翔尼娃”（土语，指“鸳鸯”鸟），扑向黑心肠的哥哥，啄瞎了他的双眼，然后双双比翼飞翔在当年放牧的山林上，唱着追求自由、幸福的歌。

这是一首现实主义和浪漫主义相结合的典型作品。富有浓郁的地方色彩和民族特色，思想性和艺术欣赏价值都较高。显示了土族人民丰富的想象力，表达了他们对黑暗的封建社会的强烈控诉和对自由美好的新生活的向往。是土族民间文学的瑰宝。

《拉仁布与琪门索》是土族人民家喻户晓世代传唱的诗篇。1983年，互助土族自治县文工团将它改编成五场歌剧演出，受到土族和高原各族人民的欢迎；诗人白渔还以它为素材，进行再创作，写出题为《烈火中的爱情》的长篇抒情诗；土族“梁祝曲”也即将搬上荧屏，以新的形式演绎土族儿女追求幸福、追求爱情的心声。

《拉仁布与琪门索》表达了土族妇女追求美好爱情的心愿，另一首叙事长诗《祁家延西》的基调沉郁悲壮，它以浓重的笔墨讴歌的土族头领祁延西，不顾年迈体衰，毅然率领众家子弟抗击入侵之敌，英勇献身。这首叙事诗通过祁延西这一人物形象表现了土族人民深明大义，维护国家统一的大无畏精神。

祁家的个延西者年纪大，
七十么龄来者奔八十呀，
骑不住马来踩不住镫，
挽不住弓来射不出箭。

这是叙事诗的开头唱词。全诗叙述中原的洛阳城被一帮强盗盘踞着，他们兵强马壮，杀人放火，抢劫民财，奸淫妇女，欺压百姓，无恶不作，弄得洛阳城一带鸡犬不宁。

皇帝知道后，召大臣们商议，贴出榜文，昭示天下，谁能平定这帮强盗，官上加官，职上加职，子孙们世袭受封，永享荣华富贵。有个柴总兵本事不大，但他升官发财心切，就揭了榜文，发兵去打洛阳。但三次进兵，都是大败而归。皇帝动怒，降下旨意，限他再次进剿，如还攻不下来，就要对他重重处罚。柴总兵挖空心思也想不出破敌的计策，最后想起了土族老英雄祁延西。这时的祁延西年过七旬。虽须发全白，但有勇有谋，可以破敌。出征受挫的柴总兵，不敢上告朝廷，抱着不可告人的目的，假借圣旨，连下三道军帖，逼祁延西出征。祁延西不顾妻妾的一再劝阻，毅然出征。可是在征途中“出门遇了个秋甲子，连阴带下四十天”。柴总兵再次陷害祁延西，故意拖延送粮人按期供给粮草，从而兵困荒滩多天。祁延西克服重重困难，强渡黑水河，在成群的山羊角上挂上红灯笼趁夜出击，智取顽敌，大获全胜。但他在凯旋途中，遭柴总兵暗算，中箭身亡。

《祁家延西》以土族历史上的民族人物为原型创作，在构思故事情节时，真实与虚构相间，想象和夸张托起了飞翔的翅膀。

在祁延西的兵马被困在黑河边上时，天降三千神鹿解决了粮草；在七月天无法过河的情况下，又出现了一座冰桥，帮助祁元帅的大队人马顺利过河。可是过河以后，“不禁回头瞧一瞧，哪见七月秋洪有冰桥，不是冰桥是鱼桥，两条神鱼千丈长，摇头摆尾两岸靠，搭成一座大桥兵马走过了。”

神鹿、神鱼，都属于神话的想象，类似的虚构在《祁家延西》中很多地方都有所体现，并且在其他的土族叙事诗中也能见到，比如《太平哥儿》中的“天兵天将”、“小白鸽”，《福羊之歌》中的福羊，《格萨里》中的“赤兔马”和“哮天犬”等都是具有神力的形象。

在土族叙事诗中的这一类形象都属于丰富的想象和强烈的夸张，这种虚构和创作反映了土族人民在现实生活中的美好愿望，有着浓厚的神话色彩。由此可见，神话传说和幻想故事对土族民间叙事诗《祁家延西》的产生发展有着一定的影响。

《登登玛秀》也是一首土族叙事诗，流传在青海省互助土族自治县一带，这是一篇说唱故事，篇幅虽然短小，却深刻地揭示了一个社会问题，即旧社会劳动妇女受压迫的问题。

中国妇女在旧社会除了受夫权的压迫外，还要受公婆的虐待。故事中说唱了一个新婚媳妇的不幸，她受尽了非人的虐待，每天像牛马一样劳动，衣服破了也没人给买。她只好让懂人言的登登玛秀（一种鸟）给母亲捎话，诉说自己的苦难。可是等到母亲赶到时，她的女儿已吊死在梭罗罗树上。

故事批判了把女人当牛马使用的世道，为土族妇女的不幸唱了一首悲壮的歌。

第五节　土族人自己的英雄史诗

藏族、蒙古族有本民族的英雄史诗，《格萨尔王传》成了这些民族文化研究的重头戏，但是很少有人知道土族也有格萨尔的故事，土族学者李克郁教授把它命名为《土族格赛尔》。

有关《土族格赛尔》的发现整理还有一个传奇般的故事。

比利时传教士多米尼克·施罗德（又名康国泰）是在清末宣统二年（1910 年）进入青海开展传教活动的，直到 1949 年才离开。期间，他在广泛传教和到处建立天主教堂的同时，于 1948 年 11 月 25 日至 1949 年 6 月 30 日，通过德国传教士孟明道（住互助沙塘川甘家堡天主教堂），在天主教徒李发信（甘家堡人）的陪同下，收集整理了东山地区土藏语言混合说唱的一部分《土族格赛尔》传说。施罗德回国后，整理出“土族格赛尔传说”的头两卷，分别于 1959 年和 1970 年用德

文出版。

机缘等待着有心人，到了 20 世纪 80 年代，青海民族学院教授李克郁遇到了德文版的《土族格赛尔》，李克郁教授在《土族格赛尔》“译者的话”中说：“1983 年他在参加内蒙古大学蒙古语文研究所召开的审稿会议上，拜访了老师清格尔泰教授，并从他那里得到施罗德的《阿克隆格萨尔》版本的复印件，开始了翻译整理工作。其翻译整理的工作是非常艰难的，他首先将原文译成土文，补充不完整的句子，衔接和调整错乱的句子，然后再把整理好的土文译成汉文。”

到 20 世纪 90 年代，46 万字的汉译本《土族格赛尔》终于得以面世。

《土族格赛尔》中的第一部分“创世史诗”形成独立的思想体系，无论在施罗德收集的《土族格赛尔》或甘肃学者王兴先先生发掘的“阿布朗创世史”中，还是在天祝县说唱艺人王永福艺人说唱的《土族格赛尔》中，都反映出了土族先祖们原始的生活状态，吃野果、狩猎、住窑洞，身上裹树枝或兽皮等，都是这种原始生活的具体写照。而在《土族格赛尔》传承人王永福说唱的“格塞尔”中，神创造万物的创世神话描述得更具体、更真实，也更宏阔奇伟。

通过了解《土族格赛尔》中的创世史诗，我们知道了《土族格赛尔》更为独特和更加合理的一面。宇宙是怎么形成的，人类是怎么被创造出来的，万物是怎么起源的，这一切不仅仅是之后合理续接的“英雄史诗”的前奏，而是在《土族格赛尔》中最具分量的部分，因为它是土族先祖最原始的宇宙观、人类观、宗教观、语言观以及万物起源观的一个综合，是人类最古老的思想认识之一。

《土族格赛尔》的第二部分是“英雄史诗”，说的就是“阿朗”部落的起源以及部落内部的权力之争和周边各部落（国）之间的战争过程。老可汗阿朗恰干年高退位，想推选一个接班人接替汗位，结果被代表恶势力的阿古加党买通了卦师做了弊，夺得了汗位。阿古加党性格懦弱、挥霍无度、连年战争，把阿朗部落的老百姓弄得痛苦不堪。在这种时候，老可汗出马到天界，求得下部龙王神的三太子降生阿朗部落，他就是后来的“格赛尔”。他是上天派到人间救苦救难的英雄，他一出生，就遭到了叔叔阿古加党的迫害，但聪明又神奇的“格赛尔”小小年纪就能战胜阿古加党的各种阴谋，最终，格赛尔战胜了阿古加党，夺回了老可汗的政权，并且征服了周边的一些小国，和睦了周边的关系，阿朗部落的老百姓又过上了平静的幸福生活。

可以发现，《土族格赛尔》第二部分的“英雄史诗”部分，与藏、蒙“格萨尔”的故事情节大致相近，不同的只是在《土族格赛尔》中增加了很多土族风俗和历史文化内容，这就使《土族格赛尔》更具有了本民族独特的说唱风格，形成了土族人民喜爱的自己民族的“格赛尔”。

《土族格赛尔》在说唱时有它独特的形式和严格的一套程序。据老人们讲，《土族格赛尔》的说唱形式和程序是从远古流传下来的，如果在说唱《土族格赛尔》时不举行一定的仪式，一方面会触犯神灵和格赛尔，另一方面对说唱者（艺人）会有罪过和因果报应。

就因为这些方方面面的原因，据说艺人在说唱的前几天要到十里外的山沟深处，取回一些没有受到污染的六至九个泉眼中的泉水，同时还要从此山中背一捆松柏树尖端的松柏枝来，以备说唱时用它煨桑，以此来敬奉神灵和格赛尔。

说唱前首先要对说唱场地进行清扫和用柏树枝烟熏燎，然后穿戴《土族格赛尔》艺人特制的衣帽，煨桑焚香、点燃佛灯、供奉净水、念诵祈祷词，还要用酒或净水等敬奉上部天王神、中部财宝神和下部龙王神以及各路山神、家神等。这样做一方面是为了除病免灾，使六畜兴旺发达，农田物阜年丰；另一方面是对格赛尔的敬仰和爱戴，在完

成了这一系列的程序之后才开始说唱。

由于历史上形成的土族只有语言，没有文字及与藏民族的长期深入的交往等原因，说唱时，用藏语咏唱韵文部分，韵律与行序都没有限制。然后，用土族语进行解释，在解释了藏语唱词的同时，又加述了许多具有土族古老文化特质的新的内容，起到了承上启下的作用。

第二章

土族人口及社会组织

人口的变化是显示一个民族发展的主要依据，土族人口的变化同样折射出土族在民族历史长河中的发展状况。

研究土族历史，土族人口在历史文献记载中起伏不定。而人口的起伏不定反映了土族人民在不同历史时期生活的动荡不安，折射出土族在历史发展中的艰难。

第一节　人口发展的历史剪影

吐谷浑建立初期，史书记载当时吐谷浑王拥有 1700 帐（户），加上兼并的青海鲜卑部落共有 2000 余帐，人口约有 10 万之众。

吐谷浑灭亡，土族人口第一次出现剧减态势，一部分人为了自保，易族吐蕃，靠近汉族地区的开始汉化。

历史的脚步踏进清朝时候，土族这个民族开始真正步入了衰落，原因是吐谷浑亡国之后的分散同化，反映在人口变化上也是显而易见的。以土族最为集中的西宁、庄浪两地为例，按《秦边纪略》记载，西宁土族在清朝初期大约有 40 余万人，到清末只有 4 万余人。庄浪土

族清初有10万人，清末只剩下两万多人。

清朝时期，土族人口的剧减有如下原因——

一是战争的消耗。土族先民好武斗勇，历代朝廷喜欢征调土族将士南征北战。纵观土族发展史，至唐代开始，其先民就一直处于西北地区历朝历代的战争旋涡中，这种情况反映在土族文化史诗《祁家延西》中，演绎为七十八岁的祁延西带兵到洛阳救皇上。战乱让无数血性的土族男儿战死沙场，导致土族婚姻中出现“戴天头”现象。

戴天头是土族人家一种古老的习俗，无儿的人家，或者给女儿找不到门当户对的婆家的人家，女孩到了一定岁数，在大年三十晚上就举行戴天头仪式，戴了天头的姑娘得到了自由身，她可以找情人，可以生儿育女而不会遭人非议。

二是同化的加剧。这种情况也是从唐朝开始，汉族戍边，伊斯兰教民族走进西北历史舞台，民族间的战争，这些导致土族同其他民族的融合和同化。到了明代这种同化开始加速，由散居地的同化转向聚居地的同化，由局部性的同化扩展到整体性的同化，其中汉化现象最为严重，其次是藏化。

三是土司势力的衰弱。吐谷浑亡国之后，政治上的退出历史舞台，导致民族性的低迷和涣散，社会地位也随之动摇和下降，这时候本能的就有向唱“主角”民族靠拢的趋利心。

历史的车轮滚滚向前，至清朝，不要说土族，整个中华民族因为战乱走向民不聊生。清朝灭亡，战乱和灾难以一种更深重的方式降临中国大地，军阀割据，外族入侵。1949年互助县的人口统计中土族人口是20 549人。人口锐减的原因是新中国成立前军阀马步芳统治青海，他推行民族歧视政策，加上当时医疗条件太差，经济落后，很多人过分迷信苯教、萨满教的一些“乱力怪神”的治病救人方法，以驱鬼、求卦、拜佛、念经一些无奈的治疗方法贻误病情，从而婴儿死亡率过高，非正常死亡率过高，全县人口长期处于“多生多死低增长”的状态，“小病扛，大病躺，重病等着见阎王”是那时土族人对待疾病的真实写照。

新中国成立以后，党和政府一直关怀人民的生命健康，组织发展医疗事业，土族人口大幅度增长。

随着改革开放的深入发展，土族人口的发展变化呈现出一定的复杂性，比如青海、甘肃原住地土族人口出现下降趋势，主要原因是随着重视文化教育考学到外地上学的人数越来越多，随着观念的改变外出打工定居者越来越多，结婚自由倡导下土族姑娘外流结婚人数越来越多，因而导致在青海省的比例大幅度下降，在云南、贵州、新疆等省区的比例增加，而在沿海和内地一些省份的数量有大幅度的增长。

回忆土族历史，从吐谷浑时代土族就是一个开放和包容的民族。当时土族的先民们到达河湟地区，就在那里定居下来，生息繁衍，其如今的分布格局是在长期的历史进程中，经过了和其他民族不断交往、融合的过程而形成的。

土族的先民到了河湟地区后就把当地作为他们新的生存区域，然后一步步地向外扩散，换句话说，土族的分布大体上经历了一个由聚到散的过程。这种以河湟地区为中心的向外扩散，到今天还在继续，但是这种扩散的速度非常的缓慢。

土族在定居河湟谷地之前，以游牧为生，安身立命的根本就是牛毛帐篷和木轮车，土族祖先从大兴安岭地区的辽河平原西迁之时，就有1700帐同时起帐拔营之说，之后一边游牧一边继续寻找安身之所，最后到达青海湖畔，建立吐谷浑王国，其时土族先民还是以部落形式分部生活。

第二节　不同朝代对土族的管理

土族人民定居河湟谷地之后，其民族凝聚力日渐增强。元朝时，

土族地区归元廷封授的土官管辖。明朝统治者继承元朝“封土司民”的政策，对他们“待之以礼、授之以官”，命其首领（土官，清代正式称为土司）继续管辖所属各族。实行汉官与土官参治，许以世袭，令其世守。并“各统其部落，以听征调、守卫、朝贡、保塞之令”（《明史·职官志》）。明王朝在西北地区的主要军事活动中，几乎都有土族地区的土司率部参加。他们英勇善战，屡立战功，成为明朝西北边防军的主力之一。

清灭明后，土族地区的各土司先后率部归附于清朝，清承明制，发给其号纸印敕，准其照旧承袭，是为土司。据清代史志记载，清代甘、青土族地区的土司共有 18 家之多。甘肃卓尼勺哇土族原共有三大部落，藏文史籍中称为勺哇三族。

清代，在诸如清兵入藏之役、撒拉族抗清之役、罗布藏丹津反清等大的历史事件中，土族地区的土司曾被征调过。但自雍正、乾隆期始，土兵在军事上已不被倚重，土司权威有所削弱。至清末，土司已处在名存实亡的境地。明、清时期，藏传佛教格鲁派传入土族地区后，青海互助土族地区出现了一种与封建土司制度并存的土官制度，这是西藏地方政教合一制度在青海互助土族地区的延续和发展。

明、清时期，土族已从一个主要从事畜牧经济的民族，发展成了一个以农业经济为主，兼营畜牧业和手工业的民族。由于河湟一带原有的农业基础较好，加之中原先进耕作技术的不断传入，促进了该地区土族农业经济及与之相伴随的手工业（如酿酒、纺织等）的发展。

辛亥革命以后，随着甘、青地区马家军阀势力的不断扩大和发展，除一小部分土族仍归封建土司统治外，大部分土族则由马家军阀所控制。

1929 年元月，青海建省。1930 年，青海土族聚居的民和、互助、门源等地相继设县，该地区的土族始归由县府管理。1931 年 8 月，南京国民政府下令废除土司制度（互助土族地区政教合一的土官制度已于1930年废除）。这样，延续300余年的土官制度被彻底废除。

1938年，土族各村编组实行保甲制度。当时充任区长、保长、甲长者，仍以旧时的土司、土官或具有权势的上层分子占绝大多数。这一时期，由于马家军阀实行民族压迫和歧视政策，迫使土族人民或隐瞒自己的民族身份，或流落他乡，土族人口因此锐减。此外，自明、清以来，藏传佛教格鲁派在土族地区的广泛传播和发展，土族群众笃信佛教，多送子弟入寺为僧，也影响了土族人口的正常增长。据有关调查显示，1933年，青海土族仅有3万余人。到1949年，互助、民和、天祝、大通等地的土族共有4万人左右。

1949年9月5日，人民解放军解放了西宁市，统治青海各族人民近40年的马家军阀政权彻底覆灭。1954年2月17日，经国务院批准，成立了土族地区第一个自治政权——互助土族自治区。1955年，改为互助土族自治县。1985年11月6日，根据青海土族人民的居住特点，经国务院批准，撤销了青海省民和县建制，设立了民和回族土族自治县；撤销了青海省大通县建制，设立了大通回族土族自治县。

第三节　标志民族团结的“阿寅勒”

土族人将村落称为“阿寅勒”。“阿寅勒”是由父系家族成员组成的群体居住形式，即自然村落，是土族社会最基本的组织结构。旧时，每个村庄都是单一姓氏家族群体，论资排辈十分严格，一夫一妻制，禁止族内婚。长辈中德高望重者为公认的头领，处理本“阿寅勒”内部及涉外事宜。据史料记载，在12世纪时，土族先民从集体游牧方式逐渐转变为个体游牧，随之产生了最初形式的“阿寅勒”（户）。后来随着社会的发展，人类自身的繁衍，“阿寅勒”不断增加新成员，构成

大型“阿寅勒”群，这时的“阿寅勒”不再是原来意义上的“阿寅勒”（户），而扩大为群体“阿寅勒”，即村庄。进入农业社会后，依然沿袭祖先的居住习俗。近代以来杂居村庄不断增多，但仍保留有一些单一姓氏的原“阿寅勒”形态，如东家（庄）、杨家（庄）等。

土族“阿寅勒”形成的基本细胞是一个个“廓斗”（人家），每一个“廓斗”都有一副“日麻”，“日麻”是土族语，汉语即“庄廓”。

“日麻”一般都是单门独户小庭院，占地面积约四五分，筑正方形围墙，高约 6 米许，有在墙头续砌 1 米左右梢墙的。墙半腰用卵石镶嵌宝塔形图案，墙头四角置卵石，门面墙壁用泥抹光，还有用白灰粉刷的，表面装饰得整洁、美观、雅致。

院内建两面以上土木结构房屋，多为 5 檩、7 檩平顶房或二加七擦骑脊犬房。一般 3 间正房和 2 间角房为一组，正房当中一间为堂屋，两边耳房分别是卧室和库房或佛堂。正房的门面柱头、扎口板上有许多雕刻装饰，如虎狮、麒麟、杜鹃、孔雀、凤凰，各种花卉、海螺、宝伞等。角房或为锅头连炕之厨房，或为草房畜圈。

大门多为单扇，门顶一般还有一间小门楼。院止中设中宫，其上砌有“信宽日尔”（圆槽），圆槽中间竖嘛呢旗杆，上挂经幡，下拴牲畜，朝上房一面设香炉。一般有条件的地方在庭院里都用石头铺地，有直铺到大门外的，有的还精心嵌镶各式彩石花纹图案，颇有讲究。

民和县三川地区土族的居住方式，与互助土族有所不同，在院墙、房舍等布局安排方面与周围的汉族有相似之处。但也保留了本民族的不少特点。三川土族将村落叫“依么”，称庄廓为“囊托”。他们大部分居住在黄河沿岸、川水谷地，部分居住在山区。居住区域多为一姓同祖形成的自然村，村庄名以姓代称，如祁家、东家、王家等，居住形式以家庭结构为主，院墙方位必须是东西南北对称，庭院占地五分左右，围墙结实，底部 80 厘米以上，顶部 36 厘米左右，高 3 米，有的围墙顶上再加高 1.5 米左右，以挡风防盗。

庭院内修建土木结构的平房，四面正中修 3 间为一单元的房屋，主要住人，四角是厨房、畜圈、草房等。主房以北房为主，土族语叫“天舍”，房内一侧有土炕，正中的八仙桌上供奉财神等神像。主房的结构形式分“檩踢牵”、“平方踢牵”、“妙檩踢牵”3 种，其中以“妙檩踢牵”用木料最多，前梁上装饰鸡头及各种花卉造型，室内装有隔墙板。正中房梁上挖一小孔，装入各种粮食及碎银等，用一块正方形的红布包起来，再用一束白麻缠紧，叫“主梁”。庄院格局有主房、院门相对称的特征，主房上“主梁”时，亲友们皆来贺喜。

在庭院正中有一个用砖或土坯砌起来的正方形小花园，栽种各种花卉。花园底座中间须埋一个口小腰鼓的陶罐，习惯上叫“下宝瓶”，罐内装各种粮食、药材等，经过喇嘛诵经禳解，就在建造花园时埋进去，以求吉祥平安。

土族传统房屋　（东永学摄）

庭院大门为双扇门，可向东、南、西、北几个方向开门，一般很少开北门，这主要看居住村庄背靠的山势。主房的门与大门不能对齐，必须交错方位。大门前立一座宽 6 米、高 2.4 米的墙，叫“照壁”。

土族人家以前有一种与锅台连在一起的土炕，习惯称“锅头连炕”。他们把耳房作为厨房，锅台筑在居中的一间里，紧挨锅台（忌坐西向东）后面的一间房里盘上满间打泥炕，土族人叫“挞炕”，炕与锅

台之间泥一堵叫“拦炕”的矮墙或木板墙，灶膛的烟道经过炕下后才能通往烟囱，利用做饭烧水时的余热取暖，一举两得。以前，炕上不铺毡，上炕不脱鞋，一家老小席炕而坐，一起吃饭、休息。若来了客人，则要铺毡让客人坐上方。在寒冷的冬天，在“挞炕”中央生一堆羊粪火或草木火，一家老小围着火堆取暖，柴灰作肥料。因此，土族人把锅台连炕的居室做为真正的主房，客人也就很自然让到“挞炕”上款待，这样既亲近又不生分，宾至如归。

第四节　定居河湟繁衍生息流布四方

土族来源在上文中有不少交代，定居三河谷地三百年来，土族人民背靠祁连山，面对湟水河、大通河、隆务河，一直在依山傍水的青藏高原东部繁衍生息。

土族是中国人口较少的民族之一，现有人口接近29万。主要分布在青海省互助土族自治县、民和回族土族自治县、大通回族土族自治县、黄南藏族自治州的同仁县和乐都县，部分散居于海北藏族自治州的门源县以及海西蒙古族藏族自治州等地；还有两万多人聚居于甘肃省天祝藏族自治县、肃南裕固族自治县、兰州市永登县、临夏回族自治州积石山保安族东乡族撒拉族自治县和甘南藏族自治州卓尼县等地区。

虽然数据的罗列有些枯燥无味，但数据的变化也最能说明问题，下面这些数据从根本上说明了土族发展变化的精确性。

根据2010年第六次全国人口普查资料显示，土族人口为289 565人。

在土族人口中，城镇人口有7.22万人，占总人口的17.50%；乡村人口21.90万人，占总人口的82.50%。与10年前相比，土族城镇人口比率提高了 9.61 个百分点。

土族在中国大陆的 31 个省、自治区、直辖市中均有分布，主要集中聚居在青海省，共有 20.76 万人，占土族总人口的 77.76%。另外，土族人口在 1000 人以上的地区有甘肃、湖南、广东、贵州、云南和新疆。

15 岁及以上人口有 16.94 万人，在 15 岁以上的人口中，文盲人口 3.93 万人，文盲人口比率为 23.20%，其中男性成人文盲率为 13.40%，女性成人文盲率为 33.38%。与 1990 年相比，文盲人口减少了 2.58 万人，文盲率下降了 28.75%。

6 岁及以上人口 21.66 万人，其中，受过小学以上教育的占 76.61%，受过初中以上教育的占 34.58%，受过高中及中专以上教育的占 12.36%，受过大专、大学教育的占 3.62%。平均受教育年数 6.15 年，比 10 年前增加 2.06 年。

在 16 岁及以上人口中，劳动力为 14.30 万人，其中从业为 14.13 万人，失业 0.17 万人（按“五普”长表推算），劳动参与率为 83.81%，在业率为 82.79%，失业率为 1.22%。从业人口中，从事第一产业的占 83.15%，从事第二产业的占 6.41%，从事第三产业的占 10.45%。

从职业看，2000 年从事脑力劳动工作的占全部从业人口的比率为 8.03%，从事城市体力劳动的比率为 8.94%，从事农村体力劳动的比率为 83.03%。具体地说，担任国家机关、党群组织、企事业单位负责人占从业人口的比率为 0.68%，担任技术工作的占 5.04%，办事员占 2.31%，商业、服务员的比率为 2.80%，从事生产、运输设备操作工作的比率占 6.12%，从事农林牧渔工作的占 83.03%，而从事其他工作的比率占 0.03%。

在土族 15 岁及 15 岁以上的人口中，已婚比例为 75.85%，初婚比

例为 66.72%，再婚的人数占 3.32%，离婚比率为 1.05%，丧偶比例为 4.76%。

随着时代的变迁，人口的流动，至今土族儿女遍布全国，比如北京就有土族同乡会这样的民间团体。还有很多土族英才走出国门，在世界各地一边打拼天下，一边做着宣传土族民族文化的光荣事业。

第五节　长寿村里有了长寿老人

在新中国成立之前，土族人民群众一直处于一种动荡之中，因为战乱、受压迫、遭歧视，更主要的原因是当时土族先民生活在不知温饱，缺医少药，迷信盛行的环境中，因此他们的寿命较短，据 1933 年的国民政府统计记载，青海土族及其他民族平均寿命只有四五十岁左右。

新中国成立以后，特别是改革开放以来，党和政府的民族政策给了土族人稳定的生活。社会的进步、经济的发展提高了土族人民的生活水平，因而至今土族人民的精神生活和物质生活都有了很大的变化。

互助土族自治县台子乡有个土族村叫长寿村，听老人们说，新中国成立前村子里很多人不明白村子为什么叫长寿村，因为那时候村里的老人平均年龄不到 45 岁。新中国成立了，土族人民的生活条件慢慢好转，到 20 世纪 70 年代长寿村村民的平均寿命增长到了 60 多岁。

改革开放 30 年，土乡人民的物质生活和精神生活都发生了翻天覆地的变化，生活舒心了，物质条件发生了质的变化，人的寿命就增长了，至今长寿村里有很多七八十岁的老人，90 岁以上的老寿星有十几个。看看下列数据，我们就能体会到新中国成立以来土族人口的可喜变化，从中我们也能感受中国人口素质的深刻变化。

1960 年，长寿村最高寿的老人常更登才让只有 61 岁。

1975年，吕官保什加是高寿老人，年龄74岁。其时，70岁以上老人有十几位，当时长寿村有三十多户土族人家。

2011年2月，作者又到长寿村调查，惊喜该村真正成了名副其实的长寿村，村民吕才典高寿93岁，老人耳不聋眼不花。和村里人交谈，他们数出了90岁以上的老人8位，80岁以上的老人12位，70岁以上的在40多户人家中有20多位。

土族老奶奶带着孙子在酿酒　（保广元摄）

图片中这位酿造酩馏酒的土族老奶奶就是土乡长寿老人的代表之一，她也是酩馏酒文化传承人之一。

不光是长寿村里人的寿命发生了这种变化，土族居住的所有村寨都有这种寿命增长的可喜变化，特别是改革开放以来，全中国老百姓的物质生活和精神生活都得到明显提高，人民安居乐业了，心情舒畅通透了，身体就安康无疾，长寿村里才真有了八九十岁的寿星。

除了长寿村之外，土乡还有很多地区的老人平均寿命从改革开放前至今30年间增长了10岁多。2010年，有一项调查显示，互助县有百岁老人23人，土族老人占了7人。

现在走进土族村落，随便就能碰到八九十岁、很健康的老人，他们守护着家园，看护着孙子重孙，手中的佛珠和慈祥的面容展示着新时代的和谐、安宁。

第六节　门楣大书“耕读传家”

土族人自古崇尚文化，在20世纪50年代以前，土族还没有自己的文字，土族地区以学习汉文为接受文化的手段，除此之外，土族人家以送儿子到寺院学经当喇嘛为荣，只要家里有两个儿子，一个肯定要送到寺院，如果送去的人几年后经法高深，声名远播，那不光是那一家人的自豪，而是整个家族和“阿寅勒”（村庄）的荣光。甚至有些信教群众只有一个儿子也要送到寺院学经，只要儿子学经成功，家里可以给女儿招女婿养老。

说到喇嘛，不能不提到土族喇嘛朱海山，他在民和土族人的心目中跟活佛同等级别，土族人民一直惦念着他，传颂着他的丰功伟绩。

青海民和有一个地方叫结龙。结龙，后有鞍子一样的山卫峙，前有一道龙岭作屏障，右面是滔滔黄河，左面是尕达斯勉雄峰，朱海山就出生在这里。

小时候，朱海山在家里放羊。13岁时，他交回放羊的鞭子，出家当了喇嘛，他的上师给他取名锁南拉吉，还赐了一个官号：朱福南，字海山。海山在朱家寺剃度，于塔尔寺辩经时，才惊四座；西藏深造，誉满雪域，蒙地游学，人人敬服……特别是经青海省循化古雷寺高僧、世界著名佛学大师喜饶嘉措的点化，朱海山遂成名僧。

朱喇嘛精熟梵、藏、蒙、汉四种文字，又通晓藏、蒙、土、汉四种语言，九世班禅途经青海时，慧眼看中了朱海山，让他随着行辕进京。到了南京之后，朱海山升任班禅驻南京办事处处长。

作为爱国爱民的开明人士，他走遍了南北各地，耳闻目睹民众没有文化的愚昧落后，立志要改变家乡文化落后的现状。因此向当时政府教育部要求开办“西藏班禅驻京办事处附设学校”，得到批准。民国2年，他来到家乡寻访贫穷无力上学或失去父母的孤儿，招到南京读书，第一次就招收了45名学子。

1936年，朱海山又捐银币1000多元，建起中川、梧释、美田、镇边、虎狼城、赵木川初级小学共六所，还办了一所女子小学。这个民族历史上第一批进校念书的土族姑娘吕玉英、侯香兰、侯永翠、秦有兰、吕银秀、柴桂花，都是经朱海山亲自动员才背起书包的。新中国成立后她们成了土族的第一批女干部。有人统计，到1937年五大堡三川的学生人数增至500多人，使土族文化素质发生了一次历史性的升华。

在民和官厅镇建立图书馆，是朱海山在20世纪30年代中期为发展土族文化事业所采取的又一壮举。朱海山把这个图书馆命名为官亭图书馆，而群众则称它为“海山图书馆”。因为他们知道，建馆和购置书刊的大笔经费都是朱海山筹措的，甚至连馆内工作人员的薪金都得从他的收入中支付。

在办学校、建图书馆的同时，朱海山还在五大堡三川开展了禁止妇女裹小脚、禁止男人吸鸦片的活动。

“为民族而不为家庭，为众人而不为亲人。”人们这样盛赞朱海山的品格。当时，朱海山将自己的钱用于建学校、修图书馆、禁鸦片、引荐学生到外地读书等方面，从不置办自己的家业，只出钱将家里典出去的12亩地赎回。

土族人有一首诗——

雄鹰飞走了，

天空还是那样湛蓝；
白雪融化了，
高山还是那样伟严；
贤哲长逝了，
声名还是那样璀璨。

有了朱海山给民和土乡教育打下的基础，民和土族的教育事业在土族几个分居区发展最快。

土族文化名人除了朱海山之外，第一个土族才女李宜晴可以说是土族民族文化的另一个大品牌。

李宜晴（1919～1977 年），土族女诗人，青海民和县人，被著名学者章士钊先生誉为“少数民族难得的女才”。

李宜晴一生道路坎坷，创作了大量的诗词，引起文学界的重视，纵观她的诗，清新婉丽，音调和谐，对仗工整；词或豪放激越，或凄清哀婉。其作品感情真挚，情韵缠绵，生动感人，有很高的艺术魅力和美学价值，是土族文学成就的一个里程碑。

青海河湟文化人李逢春先生经多方搜集李宜晴女士诗词，整理出版《土族女诗人李宜晴诗词注释》，收录了诗 40 首，词 79 阕，另有残片 6 首（阕）；并阐发其精微，重显其光华。

时代在发展，意识观念在改变。随着党和政府对民族教育事业的重视，土族人民和其他各民族人民一样，越来越重视文化学习，至今土族地区所有适龄儿童全部入学，接受九年义务教育，据互助县民族语文办公室调查研究，到 2010 年土族儿女 30 岁以下基本普及初高中文化，大专以上学历普及率达到 40%以上。

土族儿女的身影今天不光散布在祖国大江南北，还有不少土族儿女当中的精英走出国门，作为民族文化的代表在世界各地传播着土族文化，正在留学英国的土族女作家、画家张怀存就是其中的佼佼者。

张怀存于1989年5月在中南大学举办个人画展；并先后出版《赠你一片雪花》、《心中的绿洲》、《听见花开的声音》、《怀存短诗选》、《怀存书画集》等近20本作品集。

除了张怀存，另外还出现了胡军这样留洋海外的学子，在大洋彼岸为民族文化奔波着。同时出现了李克郁、吕霞、马光星、吕建福、鲍义志等一大批土族文化人士，他们为推动土乡文化事业、教育事业和经济的发展作出了巨大的贡献。

第三章

跳着安召踏上婚姻白毛毡

婚礼，引领人们走向幸福；婚礼，代表着人类的最大庆典。

参加土族婚礼，所有人都会感受到喜庆，得到祝福，整个婚礼自始至终是在欢乐的歌舞中进行，参加一次土族的婚礼，就是真正欣赏一部完整的歌舞剧。舞蹈以安召舞为主，其婚礼歌演唱形式很多，但有固定的曲调和唱词，主要有《接纳信妥偌》（即接受迎亲人拿来的礼物歌），《唐德尔格玛》（土族的赞歌，也在婚礼中唱，内容有所不同），《纳信斯果》、《敬其子歌》（其子，切成四方形的面条）（均为宴席上嘲弄迎亲人的喜歌）、《依姐》（新娘改变发式和上马起程时唱的歌）、《拉隆罗》（姑娘们唱的喜歌）、《西买其瓦日睦》（谢媒歌）等。

随着时代的发展，年轻人追求观念的变化，土族婚礼习俗一步步失传，为了挽救民俗文化，2006 年，青海省互助土族自治县申报的"土族婚礼"，进入第一批国家级非物质文化遗产名录民俗项目类别。当时土族人民载歌载舞，为了保护和传承的需要，互助县文化馆组织一部分土族传统文化传承人举办培训班培养继承人，每年的二月二传统"花儿"会上还用彩车形式进行展示表演，进行宣传。

土族居住地分为四大板块，因此不同区域有不同的婚礼歌，这主要是这些地区受到周边其他民族的影响而发生了变化，但一对年轻人步入婚姻的程序大致相同。

第一节　独树一帜的婚俗礼花

土族婚礼是一曲悠扬的圆舞曲，这主要针对土族婚礼的热闹喜庆而言，其实土族婚礼在载歌载舞中进行时，还有不少值得人深思的礼俗，土族婚礼中渗透着土族人热情、好客、智慧、幽默等很多民俗文化的因子。

土族婚礼既然是圆舞曲，我们就按圆舞曲的表演过程看看土族婚礼。

（一）序曲（提亲）

土族青年男女，无论是自由恋爱，还是父母决定，都得由男方父母请媒人，向女方家求婚。媒人多为男性，一般要请村里有名望的长者，或与女方家沾亲带故的人，便于说合。提亲时，要预备焜锅馍和蒸花卷各一副、酒两瓶，酒瓶上要扎上一点白羊毛，以示我们是正宗的土族人家，我们没有忘记老祖宗留下的规矩。

女方家若同意这门亲事，就收下礼物，并热情招待媒人，媒人要回时，只给媒人回一对焜锅馍或八个花卷；不同意，将所拿礼物悉数让媒人带回。

（二）小步舞曲（定亲讲礼）

女方家同意后，请来本家各户长辈，并邀请男方家的父亲或叔父，同媒人一起来商量订婚。男方需带两包茯茶、三瓶酒、一条哈达、两副馍馍，作为吃喝礼。并送给女方家父亲一包茶、母亲一件长衫料子。同时送一部分财礼。在议礼过程中，女方家开始故意要很多财礼，这时，媒人和男方家父亲或叔父，向女方家的长辈频频敬酒，说好话，

使财礼数目降到最合适的程度。

（三）间奏曲（送礼）

定亲后，男方家请媒人给女方家分期分批送礼。但主要财礼要在办喜事前三个月送毕，以使女方缝制衣服等。财礼分干礼（现金）、衣料和首饰，也有全部送钱的，衣料由女方自己选购缝制。按土族传统习惯，在未娶亲前，女婿不到女方家去。现在逢年过节，不仅要去，还要给女孩子送礼物，叫“送节”。

（四）咏叹调（择吉日）

土族婚嫁多在每年正月举行。大约在一个月前，先由男方举行择吉日仪式。土族称婚宴为“霍仁”，称择吉日为“砣让霍仁”，即首宴。参加择吉日首宴的，有女方家父亲、叔父或哥哥等人，男方也对等地请人赴宴，加上媒人，约有七八个人，共同请神择吉日。

（五）回旋曲（娶亲）

在娶亲的前一天，是女方家的嫁女宴，土族称“麻择”。女方本家各户、亲戚、朋友、左邻右舍送来礼物。女方家设宴招待，并摆嫁妆，当众一一交代男方送来的财礼，缝制了多少件（套）衣服，以及女方家的陪嫁等。这时姑娘要哭嫁，哭嫁词委婉动人，感谢山神、土主、乡亲、父母、哥嫂、姐妹的养育之恩和深厚情谊。

第二天是男方家正式的婚宴“霍仁”。在由女方家去男方家的路上，一路都有歌声相伴。送亲队伍来到男方家门口时，那里早已铺好了白毡，毡上安放着一张桌子。主人向送亲者一一敬酒、敬献哈达表示欢迎。这时送亲者边唱边舞，对男方家的热情接待表示赞颂。席间，要唱筵席曲和喜庆赞歌。

（六）诙谐曲（骂媒）

这里说到“诙谐曲”，是因为土族婚礼进行到“纳什金”到女方家娶亲时，整个婚礼进入了欢乐的高潮。当“纳什金”（娶亲人，一般由新郎的姑夫或姐夫充当）走到女方家时，妇女们在门内唱歌，要求纳什金也用歌声来回答。

阿姑和纳什金的对唱要进行很长时间，盘问的内容很多，纳什金一一答对了，这才开门请他进家里。

当纳什金坐在炕上喝茶和吃饭时，阿姑们又唱起《纳什金斯果》（即逗纳什金的歌），尤其是娘家的"骂媒歌"风采独特至极。阿姑们挤在打开的窗户前，开始唱《纳什金斯果》。这种歌的内容常含有奚落、挖苦、嘲弄的意思，意在挖苦纳什金，使他难堪，唱词很风趣，诙谐。

（七）终曲（旁席）

土族人家历来互帮互助，本家有娶媳妇的，婚礼当天来客太多，娘家喜客不能及时离开时，别的兄弟或叔伯就要把喜客请到自己家里招待，土族人把这个叫"旁席"。"旁席"人家不定，娘家喜客如果是当日回，一两家进行；娘家喜客如路远要住下来，"旁席"一直要进行到第二天天亮。

第二节　土族婚礼歌

土族婚礼中，婚礼歌是独具特色的一道亮丽风景。

我们以互助土族的婚礼歌为例，看看土族别具特色的婚礼歌。互助土族婚礼曲是土族传统的仪式歌曲，也称宴席曲，贯穿于婚礼的始终。如婚礼开始唱《纳什金妥诺》（"纳什金"指男方派去娶亲的人），然后依次唱问答歌《唐德尔格玛》，取笑纳什金的诙谐歌《纳什金斯果（骂娶亲人）》，仪式歌《依姐》，以及告别亲人的《信玛洛》，送亲时唱《拉隆洛》，答谢媒人时唱《西买其瓦日哇》，宾主互相敬酒时唱《迪嘎地》，婚礼结束时唱《黑姐》等，内容风趣诙谐，曲调规整，节拍清晰

分明。

土族婚礼最重要也最热闹最有艺术氛围的是女方家吃“麻择”（嫁女宴）的一天和男方家吃“浑日恩”（娶亲宴）的一天。

“麻择”的一天，男方家打发媒人要给女方家送“麻择”（酒、衣物、猪大腿等，男方家送给女方家的礼物）。上路时，给媒人端茶敬酒，媒人要醉酒欢欢喜喜上路。当媒人出门时，在媒人身上撒上炒面以示吉祥，并敬上马三杯酒为其送行，男方家还打发媒人为女方家送来麻择份子（是一条连着三根肋条的猪前腿）。媒人送麻择份子来时，还要带上两碟馍馍，两瓶酒和男方家的装箱礼。当媒人到来之时，女方家敬酒迎接并盛情款待。媒人回去时，女方家为男方家装两碟馍馍，给媒人装一碟馍馍。如果媒人不回去，就作为“加南”（婚礼主持人）留下来。给媒人端过第二道茶之后，女方家要展示姑娘的陪嫁，摆嫁妆就是把姑娘的嫁妆全部拿到院中挂在长绳上，由“典尖”（双方家里选定的事务主持者）一件一件数着叫众人看。

典尖手里拿着酒盅和一条毛巾，对空弹三下酒后这样祝颂道：

> 啊！吉日良辰，阳光明媚，在这吉祥的日子里，尊贵的媒人和亲朋好友们，不辞路途遥远、翻山越岭、光临寒舍。我无知的人在这里向诸位说几句话，还请尊贵的客人和长辈们不要见笑，我们要像建宝塔那样来办理我们的事情。当我们尊贵的“伊家”（土语：敬词）出嫁姑娘的时候，在此陪嫁的长衣服几件、短衣服几件、褂子几件、帽子几顶、带子几条、鞋几双……是啊，当姑娘从能够做活起就帮助父母操劳家务，为父母分心，为家庭出力，像今天这样的陪嫁，实在对不起姑娘。但不管怎么说，这也是父母的一片心意，请姑娘谅解吧！

典尖致词毕，姑娘哭叙道：

在今天的日子里，
在我家院里聚集的，
诸位父老们，请听一听我的述说吧。

展陪嫁仪式结束以后，就吃晚饭，之后众人一一散去。亲房跑客们等待着“纳什金”（娶亲人）的到来，准备迎接纳什金。

如果女方庄子上有从男方庄子上嫁来的姑娘，纳什金就拿些礼物到她家去打尖，等到傍晚时分，才来到女方家。当纳什金走到女方家巷道口时，一群姑娘拥上前去抢纳什金“妥诺”（礼物），之后边唱边舞退回大门里边，此时姑娘媳妇们就要唱迎纳什金曲——

早上喜鹊喳喳叫，
喜鹊叫着为什么？
喜鹊叫着媒人来，
纳什金拿着麻择来。

纳什金来到大门前时，男人们为他敬酒接风，而姑娘们却从里面顶住大门，唱起“唐德尔格玛”（土族问答歌），向纳什金发难，纳什金则从外面回唱。

对唱中，姑娘们要问到所有拿来的礼品，纳什金要一一回答姑娘们的提问方许进门。纳什金进门时，阿姑们从门头顶向纳什金泼洒清水以示接风洗尘。

纳什金进入女方家，把馍馍、酒瓶等礼物摆放在堂屋柜上，之后给他端馍馍茶，喝过之后，纳什金给在座的长者们敬酒，将所带之包

头、头绳、梳子、上马袍、裙、鞋、耳环等盛在盘子上向阿姑们一一交代，请阿姑们清点收纳。接着给纳什金端包子茶，当纳什金吃包子喝茶时，阿姑们便开始用诙谐、挖苦的唱词奚落、笑骂纳什金。此时，姑娘们会一一挖苦笑话纳什金拿来的所有礼品，换一种曲调《尖加玛什则》开始还要奚落挖苦纳什金本人的长相、走路姿势等。

> 尖加玛什则——
> 我们姑娘的走手啊，
> 锦鸡鸟那样的好看，
> 纳什金姑爷的走手啊，
> 老母猪那样的难看。

走像、嗓子、穿戴，从头到脚挖苦完“纳什金”，姑娘媳妇们还要笑骂一番陪纳什金来的“加尔木杰”（迎亲人）。

这里主要质问加尔木杰是否拿齐了出嫁姑娘需要的所有东西，姑娘们一一发问，纳什金要一一回答。如此一番，撤下包子茶之后，阿姑们嬉笑着拉扯纳什金到院子里去转安召舞。纳什金故意推辞，但还是要去的。在转安召时，如果纳什金转得不好，阿姑们拿来草圈，扁担等，将草圈套在纳什金脖子上，用扁担往下压，迫使纳什金转好安召舞。这些动作都并非认真，只是嬉闹而已。转完一曲，纳什金跑回房里，阿姑们又去将他拉出来。一般如此嬉闹三次，安召舞方才结束。此时转安召舞时有专门的舞曲。

跳罢安召舞，吃过晚饭，典尖（娘家主事人）请纳什金赴“都列牙嘎”（旁席）宴。去时，拿一碟馍、一瓶酒和一个肉方子。都列牙嘎宴上，要端馍馍茶、包子茶和其子面（菱形面叶）。敬其子面是“都列牙嘎”宴席之高潮，这时两位能歌善舞之阿姑端着其子面盆，边唱敬其子歌，边用擀面杖将盆中之汤水挑洒在纳什金身上，为其敬其子面，纳什金要以歌作答。

妇女们问粮食的由来，做其子面的面粉、水等作料的来历，还问这样好吃的其子面由谁做成，纳什金要一一回答，答错了要受到阿姑们游戏式的惩罚。

唱完敬其子歌，都列牙嘎宴就结束了，之后，又将纳什金邀至另外一家去喝酒、唱曲，由女方家亲友陪伴，等待姑娘改发的时辰。

姑娘改发的时辰到了，纳什金招呼众人回到女方家举行隆重的新嫁娘改发仪式。以前，在婆家举行改发仪式，现在为了简便，在娘家直接举行改发仪式，之后送至婆家。改发仪式开始后，首先由纳什金在姑娘闺房门前唱开门“伊姐”（婚礼歌名）。

开门伊姐反复唱三遍之后，闺房门方才打开，并将新娘之上马裙从闺房抛出来，纳什金接过裙子来到庄廓外边从墙上把裙子抛到房顶上（待新娘穿戴时拿下来穿上）。此时闺房内举行改发仪式，由新郎将姑娘之发辫解开，用梳子将自己的头发倒梳三下，将姑娘之头发顺梳三下（寓意结发，白头偕老），然后新娘的发型和穿戴由其姑姑或姐妹们帮忙完成。

与此同时，纳什金在闺房门外唱“改发伊姐”。

伊姐啊伊姐——
吉祥的时辰来临了，
蓝青天空的锦鸡在鸣叫，
姑娘改发的时辰已来到。

此时新娘在房内还要唱“改发哭嫁歌”。改发哭嫁歌内容较多，从不愿离开父母唱起，抱怨媒人，嘱托哥嫂敬孝持家，叮嘱弟妹尊老爱

幼，托靠左右邻舍互帮互助。

改发仪式结束之后，接着进行“罗木托罗”（收魂）仪式。举行此仪式时，堂屋面柜之上依次放着一部经卷、一枝柏香、一升粮食、一撮羊毛、一碗奶子、一撮茶叶、一把筷子，并点着一盏佛灯。地下放着一张桌子、桌子上铺着白毡，新娘面朝外其母面朝里坐在其上。这时纳什金在院中唱“罗木托罗”伊姐，新娘随着哭诉，纳什金唱到什么，房内一长辈妇女就拿什么在新娘头上绕一下。

此段唱词中会出现经卷、柏枝、粮食、羊毛、牛奶、茶叶、筷子、佛灯这些物品，这些都预示着土族家庭的吉祥和幸福。

之后，新娘坐在白毡之上，由四个人抬着绕圆槽（花坛）转圈，纳什金在新娘之前摆动衣襟唱伊姐引之，新娘随着哭诉。

新娘走出闺房门，围绕庭院中间花园转上三圈之后，新娘被送亲人和某一兄弟搀扶走出大门，纳什金在前唱“出门伊姐”。

新娘上马之后，其父在马后手拿“扬达尔”（一支木棍上绑有哈达、红布条等的吉祥物），一面往新娘身上抡绕，一面叫着新娘的名字要她给回答。由新娘之兄或弟牵着马在门口往返三次后起程。纳什金在马前唱留“夫热”（种子）。

这段唱词很长，寓意姑娘把娘家所有的种子都要留下。新娘起程之后，纳什金在门前转“安召”舞。纳什金舞毕，就提前赶回男方家报信。随后，“呼仁木奇”（送亲人、喜客）簇拥着新娘及其嫁妆上路。

喜客陪伴新娘到了男方家，土族人把这天男方家的婚礼仪式叫“呼仁木”（喜宴）。

这一天男方家迎接喜客新娘，要摆丰盛的宴席。喜客中有新娘的阿舅作为首席，有新娘的姐姐或姑姑是送亲人，有新娘的姐夫是专门操心陪嫁箱子的，有新娘的一个兄弟是专门牵马的，有新娘家的一个小孩来陪亲，还有旧亲和亲房当家之长辈共二三十人前来赴宴，有些地区只有十一二人。

在送亲路上，他们翻山越岭，引吭高歌“拉隆罗”（土族宴席曲之一）。

女方家喜客来临之时，男方家在门前置一方桌，上面摆放西弥尔（炒面盒）、一碟馍馍和一碗奶子。旁边置一装满麸了的斗，上插一枝箭杆和用红布包着的瓶子。嫁妆箱子（现在流行什么配什么，条件好的开始配小汽车）首先到达，新娘之姐夫坐在箱子上唱“嫁妆箱子曲”。

迎接的人们上前敬酒并给些压箱钱之后，卸下陪嫁物品抬进家中。众喜客光临时，首先给新娘之舅父敬献哈达，并给众喜客一一敬酒，给陪骑小孩一些钱，给送亲者敬一手巾之后，就扶新娘下马。

新娘下马时，马镫下放一桌子，让新娘踩着桌子下马，然后把包着红布的瓶子夹在新娘的左腋下由新郎左边搀扶，送亲伴娘从右边搀扶着进入大门。

拉着白毡迎新娘进门　（保广元摄）

以前是从下马处一直把白毡铺到庭院中的，现在只是象征性地，

在新娘前由一媳妇拉一条白毡引路。新娘进入大门之后，新娘的哥哥将插在装有麦麸的方斗中的箭杆插在自己的衣领中间，众喜客围着麸斗转安召舞，边舞边唱。

舞毕，纳什金给众喜客敬酒并请到场院里去，在去场院的路上众喜客唱“拉隆罗”，其唱词夸张中张扬着土族人的豪放，显示着土族人的礼仪。

来到尊贵亲戚家中热炕上，
像大海一样的美酒散芳香，
像大湖一样的浓茶散芳香，
像山峰一样的食物散芳香，
像山峦一样的肉块散芳香，
这一切显示着主人家的富贵。

来到场院，男方的执客们端上茶，摆上喜宴和酒坛。在吃喝之前，喜客们从猪头之脸颊上为敬了“图斯呼”酒的阿姑削下一份子后，唱“酒坛曲”，边吃边唱。

与此同时，在院中举行新郎新娘拜天地仪式。

新郎新娘进入大门时，在院中燃一堆用木柴垒成三角形的火，拜天地时，新郎新娘站在白毡之上，由媒人肩搭哈达，手拿酒盅主持仪式，有年老者致祝辞。

新郎新娘每叩一次头，媒人将手中之酒洒向空中；第二次叩头时，有人还要从厨房内向外泼一勺清水，以为此时神佛光临，用清水为众神佛洗尘。

土族婚礼中有三拜之说——拜天、拜神、拜长辈乡邻，不拜地。

三拜完毕，将新娘领入厨房举行开口仪式。此时在灶神牌位前点

土族婚礼中拜天地仪式 （保广元摄）

着双芯神灯，预备一碗奶茶，新娘将奶茶反复含吐三次之后倒入烟囱中，意为将在此家中传宗接代。婆婆手拿缠着红线的擀面杖在新娘嘴上反复滚动三次并嘱咐道："外面的话不要往家中传，家内之事不要往外传……"开口仪式结束之后便把新娘领入洞房。

在举行开口仪式时，众喜客和执客们在上房台子上感谢媒人。在主房台阶上置一张方桌，宾主边唱谢媒曲边在桌子上压钱。女方压桌子的一个角和中央，男方压另外三个角，所压之钱归于媒人，如此反复三遍。

每进行一遍在媒人的额头贴酥油并敬炒面和酒，众人还喝问道："你是男人还是女人?"因为炒面和酒同时进入口中是很难受的，媒人连连回答："是男人，是男人。"如此热闹之后，主持人致谢媒曲。

感谢过媒人之后，请喜客入席，首先端第一道茶叫空茶，接着是馍馍茶和包子茶。端过包子茶之后，众喜客由典尖陪同，外出商议赠送女方长辈的礼物和给男方长辈的礼物。商妥之后，回来开嫁妆箱子，并给男方男女长辈奉送哈达和礼物。嫁妆箱子由男方家一小女孩开启，

给小女孩赠送一条连着荷包的毛巾。

接着举行新郎“冠戴”仪式，在院中置一桌子，上放一碟馍馍，两碗奶子以及粮食、酥油、白羊毛和柏枝。白毡下方，新郎双手端一个放有硬币和枣儿的酒碗，伴郎官（新郎的一弟兄）端着同样的酒碗陪站。其时席客当中一善辞者手拿酒杯高颂赞词，赞至新郎穿戴时，新郎放下酒碗在白毡之上进行穿戴。

新郎祝词内容很长，从神话中的龙王女的嫁娶说起，说神女姻缘，说文成公主出嫁西藏，然后夸赞新郎的穿戴、长相、脖子上系着的哈达、眼前所摆的物品的精美。

新郎冠戴完毕，如果在男方村子里有从女方村子里嫁来的阿姑，她就要宴请喜客，这叫旁席。众喜客去赴宴时，要拿一碟馍、一瓶酒和一些礼物（如衣物料子等）。宴毕，喜客们要转安召以求吉祥如意。

旁席回来，东家为喜客敬手抓肉。这时婚礼主事“典尖”分别为喜客和新娘的阿舅、送亲人及亲家致“罗日吉”（赞词），并裁定“后乃木”（收尾礼）。致词前为众喜客敬献哈达，将为新娘之阿舅、送亲人、亲家等敬献的“馔”以及收尾礼摆放在桌子上，并说起祝辞。

> 呀！吉日良晨，时光美好，在这吉祥的日子里，尊贵的宾客跃马扬鞭，翻山越岭，光临我家。坐在上席的尊贵的客人啊，我无知的人在这里敬献几句祝辞，但我笨嘴拙舌，语无伦次，还望贵客们见谅。

典尖祝辞完毕，众喜客经考虑如果收尾礼嫌少就要求增加一些。

首席的话讲完之后，典尖给首席敬献哈达，首席接过哈达，就意味着喜客对于主人的盛情款待十分满意。接着男方亲家和新郎为众喜客敬酒，众喜客给亲家、新郎和典尖奉送一份肉方子，给亲家的肉方子叫“拉”，并有一段颂词；还有一肉方子是留给新郎的，赠送之时也要说一段吉祥的颂词；之后是给“典尖”，给男方家出家的喇嘛也要有肉方子。

最后拿出两个肉方子，一个留在婆家，意为发展兴旺的象征；一个带回娘家，意为留下吉祥福禄的象征。

至此双方致辞完毕，接着给媒人敬献礼物，一般是两份焜锅馍，两条红以及一些钱物。

到了晚上，邀请众喜客去吃旁席，去的时候拿一碟焜锅馍，一瓶酒和一个肉方子。旁席上给喜客三道茶，宾主尽情地唱赞歌，互相赞颂，欢乐通宵。赞歌内容丰富，曲调优美；主客相互赞颂美德、家产、礼数等。

一天一夜的热闹的酒席结束了，喜客们要起程回家，这时候要下启发面（喜客最后吃的一次饭，俗称“长面”，一尺长一厘米宽的长面条），喜客们吃面时，女方之人已在大门前唱起“海姐”（宴席曲之一）。

此时，喜客们动身起程了。他们在门前驰马往返三次要酒喝，土语叫“什达强”，另外东家还送两瓶酒，让客人们在路上喝，以示在家招待不周，亲戚们没喝好。与此同时，“娃让”（送亲人）向新娘的婆婆哭别。

喜客们出门起程时，新娘的弟兄们去和新娘告别，这时新娘难分难舍，她哭诉道别亲人。

婚礼的第三天，娘家父亲来看望女儿，叫“回门”，这时门前放一桌子，上面摆一碟馍、一碗奶子，旁边放一担清水。

亲家来到之后，敬酒迎接，亲家拿柏枝对空弹三下牛奶后进门，新娘担着水随之进入。

这一天，男方召集本家长辈、典尖以及纳什金聚会。晚上下长面，

由新娘一一端饭，众人吃过饭不能将空碗放回，而应放一些钱并说一些吉祥的话。

新娘回门时，由婆婆或小姑子陪同，回门时，拿一碟馍、一包茶以及其他礼物，回门当天新娘和婆婆要赶回婆家。回过门，土族婚礼圆满结束，两家就成了血肉之亲戚。

此外，民和和大通回族土族自治县的婚礼歌，分别吸取了汉、藏文化的一些成分，但总体来说不同地区的土族婚俗是大致相同，略有区别。

第三节　从多婚形式走向一夫一妻制

一夫一妻制是当今中国最常见的婚姻形式，随着《中华人民共和国婚姻法》（以下简称《婚姻法》）的颁布，一夫一妻制婚姻制度确立。

土族的婚姻现在实行一夫一妻制，旧社会富裕人家也有一夫多妻制的，一些有钱人有娶二房甚至三房的，二房或三房的女子地位一般都低下，土语称她们为“加日晋”，意为干活的人。家庭经济条件较好的男子，婚后妻子不能生育或没有男孩的，也娶二房。

土族禁止同姓之间通婚（不同宗的姓例外），姑表、姨表兄妹之间可以通婚，认为这种婚姻是“亲上加亲。”

过去，土族由于受夫权制和男尊女卑封建思想影响，婚后的女子终身不能提出离婚的要求。而男子在夫妻生活确实不能维持的情况下才可以退婚。40 岁以上女子在丧偶后，在家守业做寡妇或招亲，40 岁以下女子丧偶，一般回娘家重新改嫁。男子丧偶后一般娶寡妇为妻，婚礼也简单，彩礼一次性付清。结婚时女方挑一担水过门，第二天开始料理家务。如果女子丧偶，由死者的哥哥或弟弟只要年龄相仿可以顶亲，弟嫂之间顶亲者颇多，也不举行婚礼。丧偶后必须满 49 天方能改嫁或娶亲。

新中国成立前土族地区曾有过服役婚、换门亲、抢婚及从妻居等婚配现像，这些婚配现象显示了旧社会土族人民和其他各民族人民一样过着一种贫穷的生活，是无可奈何的一些畸形婚姻产物。

服役婚指解放前一些贫苦人家的男子没有经济条件娶妻，在富裕人家服役当长工，不直接拿工钱，由富家作主为其说亲娶妻。以劳动力抵偿东家所交的聘礼聘金，若娶了妻还没有偿还礼钱，则夫妻共同再服役几年，然后方可回到夫家。

还有一种婚姻习俗叫换门亲，指两个家庭都有未婚子女，经双方商议互聘女儿，是为换门亲。一般互相不送彩礼，只按议定聘礼数额给各自的女儿准备嫁妆；如两家女儿年龄相差较大，则先娶的一方送聘礼后结婚。

抢婚习俗是新中国成立前存在的一种有些野蛮的婚俗，就是有些土族人家儿子已到完婚年龄，而且有了相好的意中人，但家境贫寒，拿不起彩礼，就在一个月黑风高的晚上到姑娘家把姑娘抢走。据说此习俗起源于土族先祖吐谷浑人的婚俗，史书记载吐谷浑人“婚礼富家厚纳聘，贫者窃妻去”。

个别地区还实行从妻居。旧时，贫苦人家的未婚青年可到缺少男劳力而有少年女子的人家去劳动，3～5年后成婚，女家陪送全套嫁妆。婚后可以另立门户居住，也可以带妻子回男方家，不受任何限制。

旧时代，土族还有一种婚姻叫奔婚，亦称同意婚。青年男女可在婚前自选配偶，常互相赠送礼物，如男送帽子、腰带、戒指、衣料等给女子，女子送手巾、裤带、鞋袜、兜肚、烟袋等给男子。自选配偶一般出现两种情况：一种是尚未许配时，相约私奔，暂隐匿于亲戚家，再托媒出面向双方父母提出婚姻要求，不必经过合婚手续，只须议定彩礼（少于正式的合婚手续），也不举行结婚大礼。另一种是对现有的

婚姻不满，与情人相约私奔，远离他乡，重建家庭。

新中国成立前土族也有童养媳之陋习。旧时贫苦人家因债务或其他困难，将自己的女儿出卖为童养媳，父母可获得一点身价；也有多子女而无力抚养者，只好将女儿送给婆家收养。八九岁的童养媳长至十三四岁便完婚，婚礼比较简单，结婚后夫妻同去认娘家。

另外土族也有转房婚之说，就是哥哥不幸死亡，其弟弟可以接续哥哥和嫂子结合，组成一家，但这种婚姻容易出现家庭悲剧，因为有很多这种婚姻顶替哥哥的弟弟开始因年岁小盲目成婚，随着年龄增长，或嫂妻年龄过大，家庭容易发生变故。

新中国成立以后，随着婚姻法的颁布，土族人民文化水平的提高、人文素养的提升，不符合婚姻法、有违人们伦常的婚俗慢慢消失了，一夫一妻制的婚姻形式成了男女结婚的唯一方式，而且“父母之命，媒妁之言”的包办婚姻也一步步退出了婚姻文化的舞台，土族青年男女也讲究自由恋爱、自主婚姻。

第四节　婚育新风循序渐进

有关生育或者生命，土族人崇尚自然生死观。土族人认为，人只是整个自然界的一员，人在有意无意之中都有可能对自然界造成伤害，而自然界受到伤害后必定会对人进行报复，人与自然界之间的矛盾是常态而互动的，而且经常处于不断转化之中。

土族民众一向崇拜自然，对天地日月星辰、山岳树木、河流泉水无不崇敬。土族人民生活中举行的各种民间仪式，就是要协调人与自然界之间的关系。在他们的观念中，人作为自然一员，可以通过自身的努力，适当地改变自然、控制自然，但人不能做有违自然规律的事，更不能做伤害自然的蠢事，做了，认为就会遭到自然的报复。例如，有人杀生过多，如遇家庭不测，大家都会说这是过多杀生之后应有的报应。土族人认为万物有生命，珍惜所有生命才是热爱生命。

因为这种朴素的生命哲学作支撑，土族人民对婚育命运等能采取比较自然的态度，但因居住环境的多民族影响，土族人曾一度认为“多子多福”，所以在实行计划生育政策之前，土族人信奉自然生育观，在新中国成立初期，很多土族人家都是多子女家庭，例如，互助县丹麻乡泽林村有一东姓人家主妇共生育子女十五个，有八女七男，婆婆和儿媳一起生育，出现了叔叔比侄子小几岁的现象。

随着时代发展的变化，土族人民慢慢认识到少生优生的好处，他们的婚育观念一步步变了，一般家庭都生两个孩子，甚至很多年轻人只生一个，连第二胎也不要了。同时，随着文化的普及和提高，土族人民婚育观念科学化，姑舅亲（表兄妹结婚）、娃娃亲（孩子两三岁定亲，有些还是指腹为婚）等陋习已经不存在了，大家崇尚科学生育，注重下一代的智力发展。

以互助县为例，各项卫生工作以满足全县人民群众的基本医疗卫生需求为目标，根据人口、社会经济、卫生资源、疾病构成等情况，对医疗卫生机构、床位、专业技术人员、技术设备等卫生资源进行了全方位、多层次的摸底调查和分析，多次修改调整规划提纲和方案。统筹卫生资源，已基本编制出了较为完整科学的“十二五”卫生事业发展专项规划，明确了今后五年内全县卫生事业发展的基本目标、基本思路、经济政策、项目需求和主要措施，为稳步推进城镇医疗卫生服务体制改革，满足群众健康需求，提供了科学性、操作性较强的决策依据。

对全县 294 个村级监测点、21 个乡（镇）卫生院和 3 个县直医疗机构采取主动和被动监测相结合的措施，开展了脊髓灰质炎、麻疹、破伤风病例的监测工作。

坚持“全民健康教育与重点人群教育”相结合原则。通过卫生下乡、集会等活动进行健康教育促进，积极开展慢性病监测防治工作，慢性病监测报告率达98.7%，卫生知识宣传普及覆盖率达85%以上。

妇幼保健工作继续在提高住院分娩上下功夫，提高儿童和孕产妇系统管理，有效降低孕产妇、婴儿及5岁以下儿童死亡率。强化乡级助产医师技能培训，在10个乡镇实施“以人群为基础的出生缺陷监测及早期综合干预”项目，有效投药达90%以上，完成了涉及全县范围的孕产妇死亡、5岁以下儿童死亡和出生缺陷监测工作。

第五节　男不为金，女不为瓦

土族先民崇尚自然的生命观，信奉人是自然万物中的一员，因而土族人在传统观念里没有重男轻女思想，他们认为不管男女都是神佛的恩赐，这种思想可以从土族古老的一种婚俗中得到体现。

到新中国成立初期，土族地区还有一种“戴天头”的婚俗，就是有人家没生儿子只有女孩，那么这个家里一般不招女婿，而是在大年三十晚上，邀请本姓家族老人，给女儿举行拜堂仪式，让女儿改发，即在年三十晚上给女儿穿上新娘服饰，头发由姑娘发型改为已婚妇女发型，自此该女孩就被家族成员承认是该家庭的合法继承人，而且她可以自由恋爱，可以生儿育女，其子女在家庭里也有合法地位，可以继承遗产。

从这种现在已经消失的婚俗中可以看出，土族人对生男生女不是特别看重，在他们的观念里男孩可以成家立业，没儿子女儿一样可以支撑起一个家庭。

土族人家不重男轻女，还可从儿女的降生、洗三礼、吃满月酒和过第一个生日中看出来，土族人家不管生儿生女，这四个诞生礼仪都会举行同样规格的祝贺仪式。

某月某日某个时刻有一户土族人家有婴儿出生，家里的老人会在园中煨起桑，口中念念有词，祈求神佛保佑他的孙子孙女顺利降生，祷告神佛保佑母子平安。此时，降生儿的父亲上到房顶，在产房上面走来走去，脚下用力踩踏，意在为妻子助力生产，同时还要唱起迎接新生命的歌——

快打开檀香木的大门，
迎接土族人虎一般的子孙，
他长着魁梧的身材降生。

在这里从祈福健康身材开始，祈求所生男孩勇敢、智慧，孝敬父母长辈。如果降生儿的父亲盼望生一个女孩，唱词中的第二句就变成“迎接土族人花一般的女儿”，“迎接土族人贤惠能干的女儿”，“迎接土族人心灵手巧的女儿”，最后一句唱词变成了“她带着亮亮的金针降生”。

婴儿出生第三天，要举行“洗三礼”，这天把婴儿存放炕头三天的胎盘埋在“月房”（婴儿出生的房间）炕沿下一尺多深的地方。家中老人早早在藏炉里煨上桑，还要吹响白海螺，意在告诉众神有桑烟的人家有新生命诞生了。

之后要请来接生婆，家中女眷一起到“月房”，在一盆温水中放进柏香、花椒、五色粮食等，然后把新生儿放进盆里洗濯，一边还要唱：

呀——赛翰布勒！
三种吉祥的神药为你洗身：
柏香是神佛的用品，
它能保你平安一生；
花椒能出风去痛，

它能保你耳聪目明；

五色粮食等你播种，

它能保你一生丰衣足食。

（赛翰布勒，土语：好看的娃娃）

洗完后，长辈亲人们往洗盆里丢一些硬币，预示着新生儿长大后钱财广盛。

之后就是喝满月酒，土族人家一般男孩 29 天满月，女孩 30 天满月。产妇坐月子的一个月里，娘家人、亲戚、邻里乡亲会来“看月子”，大家拿锅盔馍、烘干的薄饼、红枣、鸡蛋、大米等补品，小孩衣物来慰问产妇。

“出月”的早上，出生新生儿的家里要邀请隔壁邻舍的老人、产妇的娘家人、接生婆来喝满月酒。

这天早上，将婴儿抱出“月房”，送到坐在炕上的爷爷或奶奶的怀里，炕桌上摆满了吃食、奶茶，此时爷爷或奶奶就要给小孙子或小孙女起名字。土族人家给男孩起名字喜欢跟神佛名字连在一起，例如“娘娘保”、“财神保”，寓意跟名字有联系的神佛保佑儿子平安；还有很多老人喜欢用自己当年的岁数给孙子取名，比如“六十一”、“八十四”，为了子孙后代不忘掉起名字的长辈，以为永久的纪念。

土族人家给孩子过生日也有讨吉利、预测初生儿未来命运的仪式，只是仪式之前，必须要先祭拜神佛，要园中煨桑，佛龛前点酥油灯，母亲要抱着新生儿给神佛叩头祷告，之后再举行所谓测命仪式，就是在一个大木盘里放上一些物品，之后让过生日的小孩子抓，如抓到笔，一家人特别高兴，就说这孩子以后肯定能考上学，会成为读书人；如抓到馍，就说这孩子以后肯定是个种庄稼的好手。

到黄昏时分，婴儿由其父亲抱着到大门口，迎接放牧归来的羊群，表示吉祥如意。这种习俗，可能源于土族先民在畜牧业经济时代对马牛羊的特别重视。

土族婴儿，周岁剃头，婴儿一般都要穿枣红大襟长夹衫。周岁生日这天，土族人家还有个特别的习俗，如果孩子出生在春天，母亲抱着孩子到积肥的堆肥场地，绕着肥料堆转三圈，边转边唱——

阿妈心爱的赛翰布勒，
你不要嫌臭不要嫌脏，
脚户的金子在驮子上，
庄稼的金子在粪堆上。
你长大要把粪堆，
积攒得像大山一样。

如果孩子出生在秋天，母亲抱着孩子来到草堆旁，围着草堆转三圈，边转边唱——

阿妈的心肝赛翰布勒，
你不要嫌高不要嫌大，
阿卡的希望在经卷上，
庄稼人的希望在草垛上。
你长大要争一口气，
把草垛码到天上。
（阿卡，土族人对喇嘛的尊称。）

如果母亲怀抱的是女孩，唱词中的“赛翰布勒”变成了“赛翰什君（赛翰什君，土语：美丽姑娘）”。

第四章

我们有长达两个月的狂欢节

纳顿，土语的意思是“玩要、娱乐”，土族地区有大小不同、形式不一的纳顿会、花儿会、鸡蛋会等，每一个集会都是一次狂欢的机会。

世界上很多民族都有自己的狂欢节，形式不一，内容不同，其中青海省民和县三川地区的土族纳顿节历时两个多月，可谓世界上最长的狂欢节之一。

除了民和的纳顿节，互助县的万人安召舞，名列国家级非物质文化遗产的丹麻“花儿会”，历时 10 多天的威远镇朝山会等都是土族人民年年盼望的节日集会。

第一节　娱神与自乐的纳顿会

每年庄稼丰收，民和三川地区就开始纳顿会。“纳顿”节上，一面面彩旗在蓝天下飞舞，好似流动着的彩云；一对对铜锣金鼓在四处震响，招呼着无数在丰年喜悦中沉醉的灵魄；一支支五颜六色的舞蹈队伍，在田野里载歌载舞，欣喜若狂，仿佛一条条欢快的小河。

老人们身着长衫，手擎鲜花或扇了领着头在纵情地跳舞。那身段的自然、轻捷，那神情的活泼、天真，仿佛回到了童年时代。后面的中青年们，手缠新毛巾，腰系红绸带，扎起裤腿，起劲地敲击着锣鼓，一遍又一遍地欢呼“大好”。队尾的小孩们手拿彩旗，认真模仿大人们的动作，嬉笑着，跳动着，舞姿憨厚可爱。这一天户户酿酒，家家亲朋满座，老幼喜气洋洋，个个手舞足蹈。这股欢乐的旋风，在三川土乡这片迷人的热土上，从近处到远处，从川地到山地，从一个庄子飞旋到另一个庄子，至少要刮两个多月，堪称世界上时间最长的狂欢节之一。

土族纳顿节有娱神乐人的双层含义在里面，除了纳顿会之外，土族地区还有很多娱神活动及仪式，土族信仰也充满了娱神和自娱自乐的庄重与快乐。

纳顿会是土族儿女献给世界人民的一道历时两个月的精神大餐，用一支笔写出整个纳顿会的全部，可以写出一部大书，在这里说两个有关纳顿会的来历的优美传说，从传说里你就能感觉到土族儿女丰富的想象力和创造力。

一种说法是很早很早以前，一位白塔寺的（今甘肃境内，与三川邻近）木匠的手艺很高超，远近闻名。皇帝要修宫殿，便召他去设计并主持修造。皇宫修建完毕，皇帝被眼前漂亮的建筑惊呆了！这座宫殿实在是独一无二。皇帝一想，这木匠非等闲之辈，让这样的人留着终究是个心头大患。于是，皇帝想暗害木匠。

木匠听到这一消息后，连夜跑出皇宫跑到今天的三川，越想越咽不下这口气。为什么替皇帝卖命，还落得这般下场，连个立足之地都没有？这皇帝一天当朝，老百姓就别想过一天安稳日子。木匠心一横：反了这没良心的皇帝！他振臂一呼，老百姓们纷纷响应，一支浩浩荡荡的起义队伍立即组织起来了，这位木匠成了首领。皇帝听手下禀报三川起了兵马，就马上派了人马前来探听。这当然瞒不住这位木匠，

他吩咐士兵们把武器藏起来，换上长袍，手擎扇子彩旗，跳起“会手”舞来。

那些前来探听军情的人马被弄糊涂了，一问当地人，当地人回答：“我们这是过‘纳顿’，跳‘会手’。”就这样，木匠骗过了皇帝，“纳顿”从此流传下来。

还有一种说法是三川地区过去十年九旱，农业难得有个好收成。

后来，有人从四川灌县著名的二郎庙背来了木雕的二郎神像，为其修建寺院，虔诚供养，那一年，果然风调雨顺，五谷丰登。喜得大伙眉开眼笑，于是他们抬着供有二郎神雕像的八抬大轿逐村巡游。一路上锣鼓喧天、旌旗招展、鞭炮齐鸣、颂歌声声。

沿途村民伏地跪拜、掌烛烧香。有些妇女拿不出什么贵重东西，便将一些好看的绸布条、香荷包挂在二郎神的胸前。穷怕了的人们盼来了丰年，欣喜若狂，载歌载舞，从七月十二日起一直闹腾到九月十五日，从此，这一习俗便演变成今天的“纳顿”节。即每年农历七月十二日从中川乡的宋家村开始，逐村举办，每村一天，至九月十五日在中川乡朱家村结束。

当“会手”舞表演结束时，跳舞的人齐齐跪在场中，由几位老人唱起“喜神”曲——

喜神，远来的喜神，叫了喜神开天门，开了天门开神门，开了神门请万神，请了万神开庙门，开了庙门请二郎。

二郎神头戴三扇帽，身穿八卦九条龙，腰系蓝天白玉带，脚穿登云靴，二郎爷身骑白龙马，白龙马要吃宝山的草，要喝五江的水，二郎爷骑上龙马下会坛。

下了会坛点会手，两庙的会手都有喜。

二郎“八九仙功”青天边，万里江山我中华，下保太平生活万万年，风调雨顺民安乐，五谷丰登大丰收，头缸头酒头素盘，无数钱粮报神恩。谢天谢地谢万神，叫一声排头转上听，香表蜡烛点一点，龙凤钱马化一化，两庙的会手三叩首。

如此场景从农历七月开始，延续到农历九月结束。

第二节　我们“道拉”遥远的传说

“道”（音译），土语中“歌”的意思；“道拉”在土语中是唱歌的意思，土族人爱唱爱跳，所有喜庆的场合，大家会不约而同地跳起“安召”，唱起“赞歌”。

土族的“道”（土族歌曲）分很多种，其中的宴席曲是在土族青年男女婚礼上唱的，里面有很多内容涉及天地生成、万物来源。如民和三川土族传唱的《混沌周末歌》歌分五部，依次为“起唱”、“混沌”，“开天辟地 ”，“人类起源”、“周末”。它记叙了盘古出世，女娲娘娘“割了金蛤蟆的舌头，补了一座黄金天，从此天河不下流 ，三十三天才周全”的故事。

《混沌周末歌》既有中华民族大家庭古代神话传说的共性，又有土族的个性，它反映了土族人民在接受其他民族文化营养时，并没有完全照抄，而是根据本民族的文化传统加以吸收、改编，成为本民族的艺术珍品。

互助地区土族传唱的《幸木斯里》、《恰然》等也涉及这一内容，如《幸木斯里》开篇就唱道——

当初天地混沌时，

没有天来没有地，
日月星辰都没有，
首先产生是什么？
其次形成是什么？
再次出现是什么？

其后歌手对答提问，盘话古今。

流传互助的问答歌《适择》是阐述天干地支、九宫八卦及其相互变化与推算方法的古歌。

《合尼》（羊）是一首长达千行的羊的赞歌，它叙述了羊的来历，羊的生长习性，宰杀后怎样肢解、分配等，涉及许多畜牧业生产知识，以及早期土族的生活习俗。总之，问答歌的内容极为丰富，几乎包罗万象，是土族人民的百科全书。

歌手演唱时互相问答，往往通宵达旦，连唱上几天几夜，难解难分。问答歌是土族歌谣中的瑰宝，在没有文字的情况下，也间接记录了土族先民的历史文化。

藏族的《格萨尔传》在西北地区乃至中国家喻户晓，很多人不知道土族人也有自己的民族史诗《土族格赛尔》。

《土族格赛尔》中，用神话形式形象地讲述了世界和人类的起源：按照腾格热（天）的旨意，从天降下一只靴子，七日后从靴子中化生出一个小孩子，就是罕木洛夏尔干桑。孩子年幼体弱多病，在师傅指点下在怀桑之地建起一座寺庙，疾病消退，身体骤然有力。之后，到阿克隆地方繁衍人类。天神什登拉欠桑将三个女儿安排到阿克隆采献鲜花，因喝药泉水而昏迷。后在罕木洛夏尔干桑挽留下，三个女儿在阿克隆地方生儿育女，后代又结为夫妻。从此，阿克隆地方人丁兴隆。这里，腾格热派罕木洛夏尔干桑到人间，他在阿让雄吉喇嘛和隆巴郭克丹巴两位佛的指点下，完成以上各种事情，成为阿克隆地方的可汗。从中可以发现，土族归纳出主宰人类社会的三种力量，腾格热居第一位，佛为第二，可汗为第三。腾格热永恒而至高无上，是世界万物形成的本体；佛仅次于腾格热，通晓天地一切机密，能够影响万物发展；可汗是人间君王，受腾格热委派，是腾格热在人间的权力代表。

很多土族人家供奉着一支神箭，有关神箭的来历有很多种说法，作者的爷爷曾经给他讲过一个故事，说家里供奉的神箭来源于遥远的祖宗的一次教育子女的演绎和保留。

故事说土族先民吐谷浑的首领阿财有二十个儿子。一天，阿财对他们说：“你们每人给我拿一支箭来。把拿来的箭一一折断，扔在地上。”一会儿，阿财又对他的同母弟弟慕利延说：“你拿一支箭把它折断。”慕利延毫不费力地折断了。阿财又说：“你再取十九支箭来把他们一起折断。”慕利延竭尽全力，怎么也折不断。阿财意味深长地说：“你们知道其中的道理吗？单独一支容易折断，聚集成众就难以摧毁了。只要你们同心协力，我们的江山就可以巩固。”

这故事很感人，真正有一种教育意义。从以上传说或神话里能够感觉到，土族是一个富于想象的民族，从这些传说和想象里不难看出，土族也是一个善于思考、勇于探索的民族。

世界的本原是什么？世界如何构成，如何运动变化？面对这一系列问题所有民族都会提出自己的见解，土族也不例外。土族认为，世界具有自身生成、发展的历史，历经不同的阶段。流传在土族地区的神话故事《阳世的形成》这样说——

起初，地球上没有陆地，到处是一片汪洋。一位法力无穷的神人一直想在阳世上留下一块陆地，但是找不到任何能撑住土地的东西。

有一天，他忽然看见一只金蛤蟆漂游在水上面，便从空中拿来一把土放在金蛤蟆的背上，可是金蛤蟆立刻沉下水底，土也被冲得无影

无踪。神人生气了，取下弓箭，等金蛤蟆再次浮上水面时，朝它射了一箭，射穿了金蛤蟆的身体。神人趁机又拿来一把土放下去，金蛤蟆翻过身来抱住了这把土，再也没有沉下水底，阳世终于形成了。

同时金、木、水、火、土五行也形成了。神人在东方，射出去的箭把是木头做的，所以东方为木；金蛤蟆头朝南方，挨了一箭便从嘴里喷出火，所以南方为火；箭头是铁，故西方为金；金蛤蟆挨了一箭便撒了尿，所以北方为水；中方为土，即金蛤蟆抱着的阳世。

第三节　三道茶里有深情

土族热情好客，土族人挂在嘴边的一句话是：“客来了，福来了！”

土族人家来客了，以三道茶做为款待。第一道茶是加了青盐的奶茶或浓伏茶和“锟锅馍”敬客；第二道是奶茶和包子、油饼；第三道是面条或面片。这时主客盘腿而坐，谈笑风生，主妇端上一个插着酥油花的炒面盒子，另外端上盛满喷香的羊肉块的木盘，上插一把小刀，摆一把系有一撮白羊毛的酒壶，让客人边饮边吃喝，再唱一曲美妙的敬酒歌使客人感到无比的温暖热情。

土族人认为三是个吉祥的数字，“三”代表佛、法、僧三宝，日、月、星三光，天、地、人三才……而敬三杯酒的含义是祝福客人吉祥如意。不能喝酒的客人，用中指蘸三滴酒，对空弹三下，以示敬天敬地敬祖宗。

以高茶贵饭招待客人，并请客人喝酒，是土族平时待客的礼数，也是喜庆节日里必不可少的礼仪。只要知悉宾客登门，土族人早早就准备好酒具，在村前恭候。不管是步行、骑马、坐车都要恭敬地为每位客人献上三杯酒，按他们的说法是下马酒。之后，在主人的簇拥下，客人被引到家门前，又有一伙人拦住客人敬三杯酒，这三杯酒叫“拦门盅”。

当客人在铺有白羊毛毡或红毛毯的炕上坐定，俏丽大方，笑容可掬的土族姑娘端酒来到客人面前又要敬酒，这敬酒叫“吉祥如意三杯酒”。

宴席完毕，当客人致谢告辞，即将离去时，主人还要捧酒敬客三杯，名曰上马酒。土族人 认为客人酒喝得越多，席间气氛越热烈，主人才越感到光彩和自豪，感觉是自己待客周到与成功的标志。对不会喝酒者，主人也十分宽容，客人只需用无名指蘸酒向空中弹三下 ，即表示了对主人的敬意，主人也就心满意足了。

《唐德尔格玛》是一种在土族聚居区广为流传的古老赞歌，唱词内容五花八门。其中有一段唱词包含了土族先民从游牧文明向农耕文明转化的艰难曲折。歌词委婉生动地叙述了一个三岁小孩（土族祖先）为了寻求生活的乐土，上云天擒青龙，给它驾上金犁耕地遭到失败；又攀石山捉野牛，套银犁犁地也没有成功；他毫不气馁，再下平滩牵黄牛，终于将“又肥又壮的黄牛驯服了”，“驾起铁犁把荒开”。犁了南滩犁北滩，撒下珍珠般的青稞种子，秋后再获丰收，从此安居乐业，这首带有神话色彩的歌谣，形象地反映了土族先民从游牧民族转向农耕的艰辛历程，讴歌了土族人民勇于开拓、坚毅不屈的进取精神。

这则神话传说里出现的人是个三岁小孩，由此就可看出土族人对“三”这个数字的崇拜程度。

土族有自己的格赛尔神话，土族说唱艺人说唱《土族格赛尔》是件神圣而严肃的事。说唱前，艺人及听唱的人第一步要洗手净口，第二步要煨桑、用酒水祭祀天地众神，然后才能说唱。

土族青年男女结婚，有个改发仪式，其时新郎要拿一把新木梳子，先解下新娘头上的红头绳，然后用拿来的新梳子先梳三下自己的头，再梳三下新娘的头，寓意从此以后两人恩恩爱爱、白头偕老。

土族婚礼中，很多礼节中都讲究“三”，招待是三道茶的规格，敬酒以“三”为贵，甚至男方家去娶亲也讲究“三”，两个“纳信”（娶亲人）加新郎是“三”；新娘出娘家门前要围绕院中花园（中宫）转三圈。

儿子娶媳妇，孙子满月，姑娘出嫁，亲朋相聚，这时候土族人家的庄园里都会有歌声飞扬，土族人喜欢唱自己吉祥的赞歌。

唱赞歌不讲究谁的声音动听，只要你能从“蒙古尔人的子孙啊，唱起蒙古尔人的赞歌吧!”开始，大家都会给你竖起大拇指。

土族赞歌，多以三句为一节，三节为一曲，这也是因为“三”是永远的吉祥数字。

喜庆之时，他们要吃三道茶的宴席；宴席之中，他们就会端起酒杯，他们习惯说“无酒不成席”，他们要喝上马三杯酒，进门三杯酒，下马三杯酒；举杯饮酒前，他们还要用无名指蘸酒三下，向苍天、大地、神佛敬祭——苍天（腾格热）在土族儿女的心目中是至高无上的；土地（哈日甲）给土族儿女青稞、酥油和美酒；神佛（普日汗）给土族儿女灵魂的安慰。

在那黄色的山岗上，
搭起了金色的毡帐，
恩泽的佛祖端坐在中央。

听着这样的赞歌，仿佛看到土族阿爷阿奶们手中捻动着的佛珠，佛珠在老人们的手心里发出金子一样的光芒。

土族儿女敬神拜佛。

有了幸福快乐，他们会虔诚念诵：嗡嘛呢叭咪吽。

遭遇苦难心伤，他们求菩萨保佑，六字真言抚慰心灵的恐惧。

为此，很多赞歌的起句都是以诵佛敬神起头。土族人家黄土筑就的四合院的门头顶上，院子中央的花园里都竖有刻着经文的经幡；每月的初一十五早上，家家都会在桑炉里点燃柏叶煨桑，在佛堂的佛龛里点起酥油灯。

佛是金身佛，心是阳光心。

土族儿女有了佛的引领，赞歌里有了爱、土地、恩泽的颂扬。

阿爸和男人们在喝酒，他们唱起了回忆远古游牧时代的赞歌《合尼》（羊之歌），歌里游走着木轮车、挤奶桶、风吹草低见牛羊；阿妈这时候给子孙们讲起《释迦佛的传说》——

很早以前人和人之间互相残杀，相互妒忌，人世间一直不安宁，释迦佛不能看着人们这么堕落下去，他幻化成一个白发老人下凡，超度了一个叫巴彦的给人世间带来罪恶的人，让巴彦改邪归正，从此人间多了许多改过从善的好人，而少了很多制造罪恶的坏人。

在那白色的山岗上，
搭起了银色的毡帐，
英明的君王端坐在中央。

翻开土族历史，很少发现土族历史的册页间记载着土族人民和历代帝王之间有过死杀征战，这是因为他们牢记了从遥远的辽河流域因兄弟不和而长途跋涉迁居祁连山下湟水河畔的苦难教训。

时光走进21世纪，土族儿女过上了幸福生活，照老人们的说法现在天天在过年，那么他们白色的毡帐上端坐的应该是英明的共产党，他们悠扬的赞歌里飞扬的是感恩的心。

在那青色的山岗上，

搭起了黑色的毡帐，
慈祥的母亲端坐在中央。

金色的毡帐供奉着佛祖，白色的毡帐奉献给英明的君王，手里捻动着一百零八颗佛珠的母亲他们请到黑色毡帐的中央。

这是一幅远古的图画。

从遥远的辽河边迁徙到湟水河边，土族儿女失去了草原失去了牛羊，父亲用犁铧开垦出田地种出青稞土豆时，母亲用青稞面土豆块给他们做出了一日三餐，母亲还用青稞给他们酿出了抒情的青稞酒。

土族儿女永远敬爱着伟大的母亲。

佛经里说：敬重苦难的母亲，她是三宝佛的化身。

古老的土族谚语里说：狗不嫌家贫，儿不嫌母丑。

土族人家花儿一样的妹妹要出嫁了，她就会唱起哭嫁歌。

我慈祥的阿妈啊，
您不管春夏秋冬，
火神一样温暖着一家人。

唱起赞歌吧！蘸酒弹指三下：敬天、敬地、敬神；母亲不喝酒，彪悍的儿子们喝下吉祥如意三杯酒，然后给母亲深情地唱一曲——

黄青稞酿的美酒敬献神佛，
神佛是土族儿女灵魂的主人。
黑青稞酿出的美酒敬给宾朋，
宾朋是福气喜庆的主人。
白青稞酿的美酒捧给母亲，

母亲是生命永恒的主人。

土族群众在不同的节日做不同花样的馍，吃不同花样的饭。逢年过节，喜欢吃“波什藏”（汉语俗称“牛肋巴”）、盘馓、馓子等（油炸馍或粗细不等花样各异的油条）和手抓猪肉或手抓羊肉。土族喜欢吃“沓呼日”（一种灶内闷热的馍），“海流”（一种焖煮的油饭），“哈力海”（萱麻叶粉末和青稞面搅拌的熟面糊，用油煎薄饼卷着吃）、“烧麦”（油炒面包子）。

土族有一首宴席曲《霍尼》（羊），其中写到了很多土族饮食文化的东西，而且更多内容牵涉到游牧文化，就是一首盘问和传授畜牧业生产和生活知识的问答歌。另外茶在土族人的饮食文化中占有不可替代的地位，有一谚语：“天上的礼品甘露为首，人间的礼品香茶第一。”说明土族人民时时离不开茶，而且他们喜欢喝奶茶、酥油茶。

第四节　所有的节日都是歌舞的海洋

土族儿女能歌善舞，大大小小的节日都是他们快乐的时刻，他们习惯说：不会“道拉”不是土民，不跳“安召”半个土民。

土族妇女身着七彩花袖衫，跳起圆圆的“安召”舞，就像天上地下的两个彩虹吻合在一起，蕴含着丰富的艺术情趣，也昭示着向往团结的太阳一般的赤子之心。

请看看跳安召舞的姿势——俯首向地，是对大地的膜拜；舒袖朝天，是对苍天的敬仰；双手平托，是对朋友的坦诚；脚步稳健，是对生活的挚爱。“安召”舞，动作简单，基本上是“跳着转”。起舞时，为首二人载歌载舞，领唱歌词，随后众人合舞。“安召”舞蹈时先向下弯腰，两臂左右摆动数次，然后跳高一步向右转一圈。在转圈时两臂

举上，通过双翼般的手臂，表现飞翔的意境，使舞蹈柔美、轻盈，舞姿造型中，不论双臂在头上、在身侧、或一前一后的哪一种姿态，手腕都在静止的同时向下折腕。尤其那些身着五彩花袖衫的土族妇女，将双臂舞动起来，好似无数的彩虹在空中舞动，一片绚烂。

土族人民每年（以农历计算）的节日，除春节、清明节、端阳节和中秋节外，各地还有许多有特色的“会”，如二月二互助县威远镇的擂台会；三月三到四月八的无数个庙会；六月十一日的丹麻花儿会等。每逢节日，土族人民身着盛装，争先恐后地涌向集会场地，在会场上跳安召舞、饮青稞酒，还有赛走马、摔跤和唱花儿等一系列群众性娱乐活动及娱乐方式。

到了冬天，土乡人闲下来了，闲了的土族人自会寻到快乐的方法，那就是玩轮子秋，跳安召舞，而玩这些的地方就是闲置多半年的旱场。

放一堆篝火，暖一壶青稞酒，老人们一边喝酒一边聊家常，小孩子们玩起了轮子秋，年轻的小伙姑娘们跳起了安召舞。

青藏高原冬闲的时间长，长就长吧！安召舞跳多少次都不够。大家白天跳，不尽兴时，吃罢晚饭接着跳。

红红的篝火，暖暖的青稞酒，赤橙黄绿青蓝紫色组成的花袖衫，青年男女心照不宣的你恩我爱，这情景温暖了高原寒冷的冬天。

向着蓝蓝的天空看，
艳丽的彩虹挂天边。
那不是彩虹挂天边，
是土族阿姑的花袖衫。

安召舞因为彩虹而灿烂，彩虹因为安召舞而四季撒落人间。身穿七彩花袖衫的土族阿姑因为彩虹，因为爱情，因为一颗爱美之心又创造着民族神话。

很早很早以前，有两兄弟，哥哥是个憨厚老实的人，弟弟是个好吃懒做的人。他们的父亲临终前再三叮咛："我死后你俩不要分家，要互相照顾，这样才能守好家业，过好日子。"说罢就闭上了眼睛。

可是贪婪的弟弟没听父亲的话，父亲死后不久，他就娶了村里一个比他还贪婪的"莫西君"（丑姑娘）为妻，二人合谋分家，把哥哥赶到深山野洼里去种庄稼。

不久，分给哥哥的马、牛、羊都死光了。可怜的哥哥只好把全部希望都寄托在庄稼地里，苦心劳作。不料一颗青稞长得像树一样，一只神鸟飞累了，落到枝子上想歇一下，不慎踩断了这株青稞。哥哥伤心得流着泪，向神鸟诉说了一遍他的处境。神鸟听后，把他背到一个地方，捡来黄金，换些牛羊，帮他过上了好日子。

有一天，他看见东方天空中的一条彩虹徐徐落入野花丛中。跑去一看，一朵绽开的红牡丹芳香四溢，他小心翼翼地把红牡丹捧回家中观赏，越看越好看，喜不自禁。忽然红牡丹不见了，急得他大声喊道："我的红牡丹到哪里去了？"

"我在这儿哪！"银铃般的声音从厨房里传来。他慌忙跑过去一看，只见一个脸似牡丹花，身穿彩虹花袖衫的姑娘正在做饭。二人结为恩爱夫妻，共同劳动，过着幸福美满的生活。花袖衫后来就成了土族的妇女服装。

花袖衫有了，天上的彩虹撒落到了人间，那么穿着花袖衫的土家女儿们就要展示自己能歌善舞的本性了。

关于"安召"舞的起源民间还流传着这样一个故事：远古时代，土族金子一般的莽原上，有一个名叫王蟒的妖怪作恶多端，生物尽遭厄运，官家也束手无策，多亏一位聪明的阿姑想出了一条妙计，她带领众姐妹身着五颜六色的花袖彩衣，手抡寒光闪闪的铁环，跳

着转，转着唱，舞向王蟒。这时，凶恶的妖怪陶醉在歌舞里面了，扬起脑袋，直楞楞地一动不动，勇敢、机智的阿姑，说声“快套”！伺机千万支寒光闪闪的铁环，紧紧箍在王蟒的脖子上。就这样消灭了王蟒，百姓们获得了安居乐业的幸福生活。从此土族人都争学“安召”，一代比一代盛行。

敕勒川，
阴山下，
天似穹庐，笼盖四野。
天苍苍，
野茫茫，
风吹草低见牛羊。

《敕勒歌》这首来自一千四五百年前鲜卑语的古歌，读后，马上让人联想到土族先民驰骋在大草原上，以蓝天为帐篷，以绿野为毡毯的豪迈气概。生活在这样一望无际的草原上，土族先民们心胸开阔、坦荡，感情质朴、豪放。长期的放牧与狩猎生活，使他们和农耕民族的安土重迁、乐天知命的性格正好相反，练就了强悍、矫健的体魄和桀骜不驯、勇往直前的性格。在他们的民间舞蹈中，洋溢着来自大自然的勃勃生机，是豪放与自信的“天之骄子”的形象。

第五节　老虎崇拜和於菟舞

每一个民族都有动物崇拜的遗俗，土族不吃马等圆蹄动物肉，不吃狗肉。这些习俗里就有宗教信仰的成分，同时还有动物崇拜因素存在。

青海省同仁县年都户村土族传统的《跳於菟》民俗仪式，就是古羌部族虎图腾崇拜的一种遗俗。为了驱除附着于各家的疫病与晦气，预祝新一年中家家人畜兴旺、五谷丰登，因此当地土族在每年农历11月20日，要举行《跳於菟》驱邪跳傩仪式。

《辞海》里解释："於菟，古时虎的别称"。至于跳"於菟"的起源，有记载说属于古楚巫舞，是楚人的崇虎傩俗，随明代军队戍边屯田而传入青海同仁之说；有远古生活于青海的古羌人崇拜虎图腾的遗俗之说；也有土族崇虎源于内蒙草原，随迁徙而带至同仁土族之说。

节日清晨，由土族各村落推选出来的7名男青年，集合于山神庙前，在严冬凛冽的寒风中脱去衣裤，涂画虎豹斑纹于裸露的身体和四肢，并把头发撮撮扎起，装扮成"於菟"的愤怒像。他们双手各持顶端贴有福旗的荆条棍，在巫师"拉瓦"主持下，通过诵读经文、跪拜二郎神与山神，然后由瓦拉一一灌酒，使虎魂附体于"於菟"。此时，这些不能再说话的"於菟"，在民众的心目中已将原有的人格转为现有的神格，而获得了驱鬼逐疫的能力。

随着一阵炸响的铁铳与鞭炮，五名小"於菟"直奔山下村寨，巫师"拉瓦"在寺院住持陪同下，率领两个大"於菟"，边击鼓锣边以缓步蹦跳姿态走街串巷，以荡涤游离于各家宅院之外的疫鬼。而另五名小"於菟"则早已或翻墙入院，或蹦跳于各户屋顶之上，进行驱魔逐祟。他们每到一家，在各屋蹦跳一番以示驱鬼逐邪后，便吃掉或口叼户主事先准备好的生熟肉块，再继续从屋顶进入另家院落。有意思的是，这些"於菟"之必须从屋顶而不能从街门进入各家的原因，是民众怕游离于街巷的疫鬼会趁机溜入宅院作祟所致。但如果"於菟"愿从宅院大门出去，倒看作是把疫鬼带离家宅而无异议。仪式过程中，无论大、小"於菟"，都将接受群众套往荆条棍上的圈饼，使之获得灵气。此外，一些患病者还主动仰卧于"於菟"必经之路上，等待"於

菟”从身上跨过，以带走病魔获得痊愈。

经过大半日的驱魔逐疫后，大小“於菟”伴着逐邪胜利的鞭炮声，冲向村外河边进行“洗祟”，即凿开冰层以冰水洗去身上虎豹斑纹，除去从各户带来的邪祟、秽气，恢复原有的人格。“拉瓦”则在住持的锣声中诵经焚纸，表示已将妖魔彻底消灭。回村后，由“拉瓦”将附有灵气的圈饼分赠与各户，使全村民众食之而获吉祥、康宁。

从青海同仁土族的《跳於菟》驱傩仪礼现象中，可明显看到其中所包含道教、喇嘛教和原始多神崇拜的遗俗，民和土族纳顿节上也表演一种舞蹈《跳虎将》，这两种舞蹈的流传都说明土族动物崇拜的故老遗俗，这些民俗现象，是多民族、多种宗教相互融合的复合文化形态，是研究我国古代民族与民俗文化的宝贵遗产。

第六节　“花儿”是阿哥的开心锁

三尺三寸的雁儿缎，
三两五钱的扣线；
你给我绣下的满腰转，
人前头夸你的手段。

这是一首土族花儿，唱词中的“满腰转”是土族青年男子勒在腰里的一种腰带，这种腰带两头有绣花，一般相爱的女孩给自己的意中人送这种腰带。

土族居住地区，一到青草发芽，麦苗出土，花儿会也就开始，会场大小不等，人数多少不定，一个又一个的花儿会在青山绿水间开始，一直延续到草黄秋来。

“花儿”也叫“少年”，土语称之为“嘎达过道”，意为外面唱的歌，在土族人的观念里属于野曲，主要内容是谈情说爱，表达青年男女互相爱慕之情，是为爱情的媒介和桥梁。

樱桃好吃者树难栽，
白葡萄要搭个架哩；
我心里有你口难开，
少年俩要搭个话哩。

按土族的习惯，“花儿”只能在山上、野外唱，要避开亲属。若父母和同胞兄妹在场就不能唱，违者被视为无知无礼，要受到谴责。土族独有的“花儿”曲调有《都嗨甲》、《阿甲哟》、《阿柔洛》、《兴加洛》、《恰日洛》、《玛森戈》、《土族令》、《好花儿令》、《梁梁上浪来令》、《杨柳姐令》、《红花姐令》、《黄花姐令》、《三节子令》等，均短小精悍，生动活泼。

土族“花儿”的旋律由土族情歌发展演变而来，旋律起伏较大，音域宽广，结束音拖长而下滑，具有浓郁的土族风味。唱词既生动活泼又风趣朴实，常用比兴手法，比喻贴切、借景抒情；四句式较多，也有三句式、六句式，一般前两句比兴，后部分表达感情，清代诗人吴镇曾经写下过：“花儿饶比兴，番女亦风流。”

内容除了爱情外，还有反对压迫、反对剥削和歌颂生产劳动的内容。“花儿”有着深厚的群众基础，男女老少几乎人人会唱，人人爱唱。每年定期举行的群体性“花儿”会，已成为土族社会的传统活动。在土族传统的“花儿”会上，土族民歌手常常对唱不绝。演唱者大都能触景生情，即兴编词，出口成章，对答如流。

土族花儿源远流长，清代诗人叶礼在《甘肃竹枝词》中写道——

男捻羊毛女种田，
邀同姐妹手相牵；
高声各唱花儿曲，
个个新花美少年。

土族儿女欢乐豪放，能歌善舞。土乡有“饭可一日不吃，歌不可一日不唱”之说。每遇节日庙会、喜庆婚礼、迎送宾客或闲暇之余，青年男女聚集在绿荫处、河水旁跳起安召舞，唱起花儿，抒发爱慕之意和祝福之情。土族地区有大大小小的花儿会，从农历五月开始一直到农历九月各地花儿声此起彼伏。

丹麻花儿会是青海省互助土族自治县具有一定影响力的群众传统集会，集戏曲表演、花儿演唱、商品贸易为一体，一般在每年的农历六月十三日举行，会期为七天，一年一次，规模宏大，影响深远。

举办丹麻花儿会的丹麻镇位于青海省互助土族自治县的东部，是一个土族聚居乡镇。丹麻花儿会起源于明代后期，盛行于清代、民国及新中国成立初期。“文革”中遭到禁止，一度中断，1978 年以后逐步恢复。据专家认定，“丹麻花儿会”起初是当地土族群众为祈求风调雨顺、期盼五谷丰登而举办的朝山、庙会性质的传统集会。经过历史的演变，它已成为展示土族民俗风情的一个重要的文化现场。丹麻土族花儿有《尕连手令》、《黄花姐令》、《杨柳姐令》等常见曲目。

走进丹麻镇镇政府所在地，首先映入眼帘的是两棵参天白杨，看着苍劲茂盛的这两棵树，有人就会给你说起一个丹麻花儿会来历的优美传说。

很久以前，丹麻滩本是一片森林拥抱的富庶之地。后来，一个土司霸占了这里，弄得民不聊生，连续干旱了三年不下雨，几乎旱死了所有的生物。后来，有一男一女两个土族年轻人来到丹麻滩唱起了花

图片中两棵大树就是传说中两个年轻人变的树　（祁文汝摄）

儿，他们唱了三天三夜，他们优美、哀怨的歌声感动了龙王山上的龙王爷，农历六月十三天降细雨，土族人把这种“随风潜入夜，润物细无声”的毛毛雨也叫磨刀雨。

雨来了，人们面向龙王山跪下了，大家张开双臂，尽情沐浴着神赐的甘露，等大家醒过神来，要感谢两个年轻人时，才发现两人已经变成了两棵树，两根粗壮的枝条搭在一起，就像他俩唱花儿时手挽着手。

以后，大家为纪念这一男一女，每年在农历六月十一开始举行花儿会，时间三到七天，这几天方圆几十里的人们都到这里来唱花儿，慢慢地形成了现在的花儿会。

如今，这两棵由两个生命化成的树仍然枝叶繁茂，成为了当地民众心目中的圣物。

时光走进 21 世纪，国家非常重视非物质文化遗产的保护，2006 年 6 月 9 日，丹麻土族花儿会经国务院批准列入第一批国家级非物质文化遗产名录。

丹麻花儿会上演唱的土族花儿是青海花儿的重要组成部分，具有独特的民族风格，蕴含着丰富的土族文化内容，具有较高的艺术价值。

丹麻花儿会历史悠久，在青海省境内的群众文化活动中一直享有盛名。保护丹麻花儿会，挖掘、抢救和整理土族花儿，意义十分重大。

除了丹麻花儿会，土族聚集地区还有很多有名的花儿会。

七里寺位于民和回族土族自治县以南古鄯镇境内的小积石山麓。在这里举行的花儿会至少已有百年历史。每年农历六月初六，八方群众盛装举伞结伴而来，六七万人云集峡谷，通宵达旦对唱花儿。

七里寺花儿会是群众自发组织的民间文化盛会，演唱者均为民间歌手。演唱形式有独唱、对唱、合唱等，无任何乐器伴奏；演唱内容多为情歌。演唱者一般一手轻捂耳朵，根据内容需要用不同的“令”来演唱，所唱曲令达四十余种，代表曲目有《古鄯令》、《马营令》、《二梅花令》等。七里寺花儿会由于其浓厚的地方特色，再加上峡内药泉的吸引力，在西北地区颇负盛名。

七里寺花儿会上歌手众多，除了著名“花儿”歌手到会，周边地区会唱花儿者也常常到场助兴，有许多老歌手演唱的曲令在平时或其他“花儿会”上很难听到。

老爷山花儿会是每年农历六月初六在青海省大通回族土族自治县的老爷山举行的大型民歌演唱活动，它产生于明代，经过几百年的发展，伴随着“朝山浪会”活动，从以娱神为主逐步演变为以娱人为主的大型民间岁时民俗活动。

老爷山花儿会演唱形式有两种。一是群众性自发演唱，农历“六月六”在老爷山的密林花丛中，或数十人或几百人自由唱和，情景交融；二是1949年以后兴起的有组织演唱，有固定的演唱场所和舞台，歌手经过层层选拔，在舞台上赛歌竞技。老爷山花儿会以演唱“河湟花儿”为主。演唱者有汉、回、土、藏等民族的歌手，他们共同用汉语演唱花儿。这是老爷山“花儿”和“花儿会”不同于其他民歌和歌会的显著特点。

老爷山花儿内容主要以歌咏爱情生活为主，也涉及宗教、民俗、生产劳动、历史故事、新人新事等类型。其唱词以七字（一三句）与八字句（二四句）相间的四句体为主，特别规定二四句句尾必须是“双字”词，另外一、三句和二、四句分别押韵，形成了一种特殊的唱词格律，在全国汉族民歌中也属特例。河湟花儿的语言生动、形象、优美、明快，多用赋、比、兴等修辞手法，有极高的文学价值。大通老爷山花儿有《大通令》、《东峡令》、《老爷山令》等代表性曲目。这些曲调韵律独特，优美抒情、高亢嘹亮、婉转悠扬，深受大通各族人民的喜爱。

第五章

我们的神佛星星一样多

历史上，土族先民曾一度信奉萨满教，之后开始了多神信仰，这是民族发展过程中民族融合的文化吸收现象。

藏传佛教格鲁派通常被认为是土族的主要信仰。关于土族藏传佛教信仰的研究表明，土族人信仰佛教是自 6～7 世纪吐蕃势力强盛，东扩至吐谷浑时，那时佛教也流传至吐谷浑地区。

到 8 世纪时吐蕃赞普达玛灭佛，许多藏传佛教僧人纷纷避居青海，佛教在青海得到了广泛的传播和发展。

元代时，元朝的统治者推崇萨迦派，土族地区修建了一座萨迦派小寺院。到明清时期，随着中央王朝宗教政策以及扶持对象的改变，土族地区也逐步走向对格鲁派的信仰，并迅速地发展起来，史书中有记载“现今霍尔地区，寺宇林立，僧团遍地”；“昔日传播的萨迦、迦玛等派，现今亦没有信奉之人，唯黄帽一派，遍播于该地区。”

第一节　有神树的地方就有土族人家

走进土族村庄，村前的路口，或者村中的居高处，或者村后的山坡上，总会看到一棵树，树身上挂满了各色布条和各色哈达，这就是护庄的神树。

土族先民信奉萨满教，崇尚天为大，认知万物有灵，一棵树被认为神物时，土族人认为这棵树就有了灵性，能驱邪辟邪，也能招来福运平安。

这棵神树可以是一棵杨树，也可以是一棵松树或柏树，甚至是一丛黄刺之类灌木，只要是活的，有生命就行。

土族人居住的地方多有纵横交错的大大小小的山，很多山口都有“拉什仔”（类似“敖包”），土族人经过一座敖包，就会拾三块石头堆到敖包周围，说这样做山神就会高兴，会保佑一家平安。一个人一天经过几个敖包就会给几个敖包祭放石头。

山神信仰也是土族自然信仰的一种，山神信仰不但具有空间层次，而且也有其时间层次。山神信仰的时间层次即指山神信仰的古往今来，也就是山神信仰的产生、发展、变迁过程，是由历史上众多不同时期的文化层累积而成的。

土族的山神信仰，最初来自狩猎、采集中与个人和家族生活相适应的文化层，土族人至今习惯说：靠山吃山，靠水吃水。这就是狩猎和采集的一种遗俗；而进入农牧业社会以后，其信仰的观念、仪式中，又打上了农牧文化层的烙印，一些与农牧业生产相适应的文化要素（如自然崇拜和祖先崇拜）被吸收进了土族的山神信仰文化层中。这样，旧的文化层次上又出现了新的文化层次，二者相互整合，旧文化层中一些文化元素继续存留下来，而另一些文化元素则被自然淘汰。两层文化之间相互渗透、相互交融，逐步形成了土族的山神信仰的文化整体。

土族居住地区的敖包中肯定有一支挂红的树枝，它代表的就是一棵树，敖包崇拜实际上是山神崇拜与神树崇拜的有机结合。一方面，

敖包崇拜源自于树崇拜，是树崇拜的衍化，宇宙树/世界树的观念对萨满教有关宇宙起源的阐释起到了重要的作用；另一方面，敖包又是山神崇拜的变异。事实上，敖包崇拜与山神崇拜、树崇拜是随着原先崇拜环境的改变，有机结合后形成的一种崇拜方式。

土族人在远离了产生山神崇拜、树崇拜的生存环境后，在广阔无垠原野上，只有垒起象征性的敖包，将山神崇拜、树崇拜结合在一起，共同信仰，以满足已经失去了原生态的信仰的需要。敖包本身形似山体，象征着山体，而敖包上树立的树木、经杆、刀剑等则是树崇拜的象征形式。现今土族的“敖包”就是典型的四个信仰系列组合的产物：其一，它们的修建者为喇嘛或阴阳先生；其二，敖包所用的柳枝、白石和弓箭是萨满教遗存；其三，敖包中起巫术作用的东西是萨满教、汉族民间宗教惯用的驱邪避鬼物件的混合；其四，嘛呢杆是藏传佛教的工具。

苏贝尔（呢）吾拉哟，苏贝尔吾拉，
苏贝尔吾拉（呢）头上顶的是蓝蓝的天帝，
苏贝尔吾拉（呢）额上捧的是众多的神灵。
……

《苏贝尔吾拉》是土族女性在新娘出嫁之夜演唱的一支古歌，歌颂土族神话传说中的神山“苏贝尔吾拉（吾拉，土语：大山）”。一座像塔一样的神山，巍然屹立在四大部洲（东胜神洲、南澹部洲、西牛贺洲、北俱芦洲）中间，日月绕着它转。这仍然是土族对于神山的崇敬，具有山崇拜的特征。土族对于柏树、柏木的崇尚，实际上就是源自于对树木的崇拜。幡杆顶部用新柳枝，被认为是北方诸民族崇拜“宇宙树”、“天树”、“萨满树”观念的反映。他们认为“宇宙树”、“天树”、

"萨满树"长在天穹中心，通贯宇宙，根须部通地界，树干部为中界，枝头为神界。这与"法师"安神时的说法相一致。他们认为，从幡杆顶上神可以下来，而在最后放倒幡杆后的地洞上焚化香表并念诵咒语，将恶魔鬼祟用石镇压地下。民间把古树精怪化，相应地制造、传播一些关于神树神奇的传说或者"事迹"。人们认为一些古树成精后，其上栖息鬼灵。因此，人们禁忌在圣树下休息，以免染上晦气。

土族自然崇拜不仅具有其悠久性，而且从其崇拜的内容、方式、方法、来源看，受到周边兄弟民族各种文化的影响。土族先民来自东北草原，他们带来萨满文化，并吸收了当地的羌藏文化甚至汉文化后，形成了今天土族融合各民族文化的自然崇拜。另外，土族自然崇拜还体现出游牧文化与农耕文化并举的特点，如山神崇拜，一方面它是游牧民族对大山赋予神性的遗留；另一方面，土族人在祭祀"拉什仔"（土语，敖包之意）时所说的吉祥之语，体现出山神不仅保佑牛羊茁壮成长，还能保佑村庄年年风调雨顺、五谷丰登，是地方的保护神。

元明时期，藏传佛教传入土族地区后，成为制约和支配人们一言一行的重要精神支柱，并对土族地区的政治、经济及文化产生深刻影响。宗教文化对于土族哲学思想的发展，具有至关重要的影响。基于佛教不杀生的理念，土族或多或少地改变了以往萨满教中献牲、血祭的习俗，但在祭祀山神、土地等自然神时，仍然保留献牲祭祀的习俗。在祭祀敖包时，引入了佛教僧侣，让他们诵经祈祷。在举行"安置"（土族人家有人生病或者家中出现不安定时，就会请阴阳师用一些动物头骨、杀人凶器等埋在家中某个地方辟邪）仪式时，多由阴阳师来主持，但喇嘛也可以主持。表现出在接受了佛、道之后，土族民众对待不同宗教时采取的并行不悖的理念。另外，在丧葬仪式中，佛僧诵经超度亡者，阴阳法师确定出殡时间及相关禳解方式，二者在同一仪式中各司其职，相得益彰。

土族的自然观是一种神性化、人格化的观念体系。土族自然观中，自然崇拜有着一定的伦理基础和道德逻辑。主要通过神性化、人格化和伦理化（自然物有善恶等感情）的三种方式为自然赋予某种文化意义。因此，没有对自然的观察、认识和解释，就没有土族的自然观。

在土族自然观中，自然界被作为一种整体，而不是孤立的存在。神灵大多以“类神”的形式出现，即一类的事物由一类相应的神灵来管理。如火由火神来管理，风由风神（风婆婆）管理等。土族“五方”、“五色”的观念，实际上是对于宇宙方位的表现方式。五方是以人为中心的“中方”加上东西南北四方而成。在五方的基础上赋予了五方颜色，具有了五色的观念，并分类为各方有各方的神灵。

土族的宇宙观念，实际上是以人（尤其是以人的意识）为中介，在认识客观世界（包括自然界、社会人文世界）的基础上，幻化为另一个相对应的对称分布的神鬼的自然界、人文世界的综合体系。土族民众首先认识他们周围的自然环境，伴随着认识水平的不断提高，人们的活动范围不断扩大，并产生了自己的自然观。同时，在群体生活中，人们逐渐建立了社会系统，构建了社会规范、社会生活系统。而在构建真实的自然观、人文观的同时，基于科技水平、认识水平的局限，对一些自然现象的不可理解，导致了幻想世界的建立。人们逐步构建了以自然、社会为蓝本的虚拟世界——鬼神世界。

土族民间宇宙观的构建，受到中国传统文化中儒释道及民间信仰的深刻影响。土族在吐谷浑时期已经信仰佛教，史书记载当时“国中有佛法”。后来，藏传佛教的传入及普及，佛教世界观深入土族民间，并对土族民间宇宙观产生重要影响，佛教“孽报轮回”观念和“三世六道”的宇宙观使土族民众逐步建立、完善了自己的世界观。

同时，儒家思想对土族民众之影响，主要表现为知恩图报思想，这种理念和佛教思想中的因果报应相结合，左右着土族人的一些行为，土族老人认为，生前有德行、有功劳、有贡献者，死后其影响力仍将常存，被追念。基于知恩图报思想，人们普遍祭天地、祖先及圣贤，作为社会基本细胞的家庭中，土族人家尊崇尊老爱幼，讲究兄弟同心、妯娌和睦。

走进土族村庄，就走进了神、人、鬼、仙、佛、魔等等同居共生的世界。要记住的是，如果你走进了一个村庄，看到大门两侧的墙上镶嵌有白石，大门顶有玛尼旗的人家，那肯定是一所土族人家，讨一口茶喝，主人肯定会把你让到炕上，焜锅馍、奶茶或熬茶一定会端上来。

第二节　经幡飘飘祈平安

走进土族村庄，首先引人注目的就是很多人家的大门顶上立着一杆玛尼经幡。再走进院子，所有有花园式中宫的土族人家，中宫里肯定还有一杆玛尼旗。

玛尼旗用五种颜色的布条缝制。蓝色是天空的象征，白色是白云的象征，红色是火焰的象征，绿色是绿水的象征，黄色是土地的象征。这样一来，也决定了经幡从上到下的排列顺序，如同蓝天在上、黄土在下的大自然千古不变一样，各色经幡的排列顺序也不能改变。

从家家户户园中、门头顶的玛尼旗上我们看出土族儿女信仰佛教，但是民族信仰有其复杂的发展历程，土族信仰也呈现出多样性。

一、万物有灵天为大

土族作为青海高原最古老的民族之一，在长期的社会生产和生活实践中，也形成和发展了独具民族特色和地方特色的民间信仰。土族第一崇拜“腾格热”（天）”，在正月初一送神迎神仪式中首先祷告的是“腾

格热，保佑我们这些黑头凡人，保佑四季平安，保佑家人安康，保佑今年风调雨顺”。土族群众认为万物都有生日，如太阳的生日在农历三月十九日，此日向太阳祭祀。

土族村民供奉的部分神灵原为藏传佛教护法神、道教神，但与之相关一些信仰仪式中包含着大量的萨满教文化因子和巫术活动。土族称春节为“新年”或“新月”。初一清晨四时左右迎神，有的地区是在零时举行迎神仪式。在庭院中点燃一堆麦草火，在宝瓶台上摆上各种馍馍，佛堂里点灯、烧香、放炮，迎接各路神灵回到家中。迎神仪式之后，首先给家中的长辈磕头拜年，并依次要给所有的家族长辈拜年。由此可见土族村民崇拜的主要神祇呈现出藏传佛教、道教、萨满教等多种宗教信仰文化相互糅合积淀混融的风格。

萨满教信仰在慕容鲜卑时早已盛行，“敬鬼神，祠天地日月星辰山川，先大人有健名者，亦同祠以牛羊，祠毕皆烧之”。这些宗教信仰至今对土族仍有影响，如在日食月食时，人们认为是太阳神、月亮神受到恶魔侵害，众人登上屋顶敲击金属物，或大声吆喝，为太阳神和月亮神助威驱赶恶魔。

土族赞歌以短小、明快的节奏赞美世间万物，而在这些赞词中出现次数最多的就是太阳、阳光这两个词语。

天上转动金色法轮，
那不是法轮是太阳，
太阳就像金色的法轮。

在土族人民的原始宗教观念中，腾格热主宰着宇宙万物，决定着人的吉凶祸福。他们认为，腾格热不仅至高无上，威力无穷，而且富有灵性，有求必应。

出于对腾格热的敬畏，土族人在很多庄重、喜庆场合以食品敬献给腾格热为最高礼仪，将食物掐一点点向空中抛洒三次，将酒用无名指蘸一点点向空中弹指三下，这些都是对腾格热的崇拜仪式，希望得到腾格热的庇护和保佑。

土族人若遇不测，他们习惯喊一声“腾格热呀，睁睁您的眼吧！”他们认为上天是有眼有耳的，一声呼唤就会得到苍天的惠顾，会拯救自己于苦难之中。

二、狼是山神的看家狗

土族牧民每年夏天来到大山里放牧，安家的帐篷还没有搭好，他们要做的第一件事是给山神煨桑，他们说山神高兴了，山神就不会放出自己的看家狗——狼来吃牧民的牛羊。

狼是山神的看家狗，土族山民都这么说，还有人说，狼还是一个女神的坐骑。其实这些说法里透露了土族信仰的一些信息。土族和很多少数民族一样，他们也信奉万物有灵天为大，说狼是山神的看家狗就是万物有灵说的一种体现。

说万物有灵，几乎每一个土族村庄里都有自己护庄的神树，只是树种不同，松树、柏树、杨树这些高大的乔木很容易被选为某个村庄的保护神树，甚至一丛黄刺也被一个村子选成他们的神树。

山神崇拜是游牧习俗的遗存。每年农历九月很多土族村庄的庄稼已收割完毕，粮食入库。村民开始抬上龙王神轿和神箭，带着炊具碗筷，到村外的某个山顶举行答谢活动。到山顶后，庙官和老者们齐跪在龙王神轿前祷告，感谢龙王和众神保佑，使庄稼获得了丰收。为答谢神恩，特肉其们（庄民们）还牵来一只羯羊献给龙王，一面给羊身倒水，一面向龙王神轿祷告，如龙王神轿向前一倾，羊浑身一抖，表示神已悦纳。献完牲后，特肉其们将羊宰杀煮熟，分与在场的众人食用。

下图中是四大龙王山之一的黑龙王山，它雄居在群山之上，从图中看到的花岗岩垒叠的主山高约1千多米，登上山顶要从不到一米宽的石缝里手脚并用爬上去，每年有很多人都去朝拜，因为它是四大龙王山中最险峻的一座，说登上黑龙王就显示了你最有虔诚心。

互助县境内的四大龙王山之一　（祁文汝摄）

这是土族信仰祭神仪式中的一个个案，土族信仰观念中还认为神和人一样，也有七情六欲，也要吃喝游乐。但土族人祭神有很多讲究和说法。比如说活祭还是宰祭，活祭雷同于藏族的放生，但神位不同，放生的畜类大小不一，神位高，放生的一般是牛；神位小，一只鸡也是敬神之物。

民和土族每年长达两个月的纳顿节上有一个节目叫《杀虎将》，这是一出傩戏，这出傩戏古朴粗犷，其中虎与牛的相抵摔跤、人与虎的搏斗，以及戴牛头面具的杀虎将最后出场降伏猛虎等情节紧张激烈，扣人心弦，透出土族先民远古时期的生活情景。这出戏的来源还是土族先民们动物崇拜的一种传承。

三、四合院里经幡飘

土族大多依山傍水、聚族而居、自成村落。

走进土族聚居区，看到每户人家都是一副四合小院，而且很多人家的大门顶上都飘动着一面玛尼旗。

玛尼旗是信佛的象征，土族人家修庄廓时一般要请法师或阴阳先生看风水、择宅基，选吉日开工。庄廓为正方形四合院落，四周由土墙围绕，围墙四角顶上立白石，大门门檐顶上多置石狮以镇邪祛灾。大门门梁和堂屋主梁上都包有八卦和太极图形的红绸布。

走进土族人家，庭院中央一般设有中宫（下埋宝瓶等许多神物）、砌转槽，现在很多人家不在转槽上拴牛马，而是养上了牡丹、石榴等花卉，对准正房一侧修煨桑炉并竖玛尼旗杆，土语叫“达日强”。

院子中间立有玛尼旗杆的土族院落　（保广元摄）

上房多用来供神，中堂摆一对大红面柜，柜顶放一张长方形小八方桌，桌上置佛龛或活佛照片，中壁多为财神之位或福禄寿三星图。厨房的锅灶上方要置灶家娘娘之位。另外，一些地区土族在建造“庄廓”的

过程中还要举行“合龙口”、“安中宫”、“启财门”、“踏财门”等形式，这显然是受到当地汉文化影响较深，其中好多习俗是道教文化的内容。置卵石是羌人的遗俗，设兽是古鲜卑瑞兽遗迹，在同一方位供佛像和财神表现出佛道融合、一切求吉的心态，立玛尼旗杆显然是受藏传佛教影响的标志。

春节，纯粹的土族“阿寅勒”（村庄）里有一种宗教仪式，从这种仪式里除了看出土族老人们对佛祖的虔诚以外，还能发现“阿寅勒”从游牧的毡帐部落发展到定居村寨的蛛丝马迹。

每年过了正月初十，村里的老人们会自动集合，然后从某一家开始做“囊尼”，也就是从这一家开始全村老人集中到一户户人家集体念经，祈求一年的风调雨顺、人畜平安。

做一个完整的囊尼共需 16 天的时间，每两天为一个小囊尼。做囊尼的具体日期各村并不一致，如互助县丹麻乡哇麻村在正月举行，五十乡霍尔君村自农历六月十一开始，离此不远的巴洪村则在五月间举行。但无论哪个村做囊尼，周围的信仰者都可以自由参加，并无限制。

做囊尼的人被称为“囊尼哇”，在囊尼日来临前一周就要禁食肉、蒜、葱、辣椒等荤腥刺激性的食物，称之为“忌口”。在正式囊尼日来临的头天晚上，囊尼哇们要把自己的铺盖送到村庙一楼的大屋内。因为在囊尼活动期间，所有囊尼哇要全部在这里的地铺上休息，同时，远地而来的囊尼哇们要在这里住宿。组织这项活动的人称为囊尼官，一正一副共有两人，是在头一年的囊尼结束时为便于来年的做囊尼活动由大家选出的。除此两人之外，还需聘请四五个能干并在村中有一定威望的人，组成一个领导组织——我们在这里称之为“囊尼委员会”，主要负责筹划资金、购买必需用品、迎请喇嘛、烧茶烧饭、接待囊尼哇等事务。

互助县五十镇霍尔郡村囊尼的具体做法是：农历六月十一日下午，

在准备工作基本就绪的基础上，在村庙二楼的经堂内供起酥油灯、酥油花，献上净水碗，将神箭（土语称为“切什羌”）用黄色布幔盖住。地上铺上囊尼哇们自带的听经坐垫，院内煨起桑烟后，安排远地而来的囊尼哇们到附近群众家吃饭。晚饭毕，囊尼哇们集中在村庙内喝一次晚茶，其目的是测口，然后早早在地铺上睡觉。第二天，在凌晨三点左右，做囊尼的活动正式开始。

大家起床后用清水漱口，集体喝一次由村庙提供的炒面稠汤（内拌有酥油、白沙糖、曲拉、奶子等食品）后，来到二楼经堂，面向佛像，在各自的坐垫上或跪或坐（年龄太大的老人或病重者允许坐着听经），一边聆听佑宁寺请来的喇嘛念经，一边捻动手中的念珠（土语称为“昌阿”），随时和念六字真言，并不断向佛像磕头。特别需要指出的是，在听经的过程中，囊尼哇们除和念六字真言外，不能说其他的话，不能做也不能想其他的事。中午时，大家吃一顿由村庙提供的食物，当然，首先要将所吃的食物样样摆在佛像前献祭。饭后，要把食物残渣捡拾到屋顶上摆开，以喂食飞鸟等，然后再集中到经堂内听经。晚上早早睡觉。次日凌晨起床后喝一次稠汤，直到第三天（即六月十四日）中午时，才吃一顿午饭。余日每天中午吃顿午饭，其他时间不再进食，如此做够16天后，一个大囊尼即告圆满结束（每两天为一个小囊尼，如果坚持不住，完成一个小囊尼后，允许中途停止做囊尼）。到最后一天的早上，要举行“倒火坛”的仪式，具体做法是：在村庙院落的中心处用白土筑起一个四方形的土台，称为坛。将小麦、青稞、菜籽、芝麻、大麦、豌豆等本地生长的农作物置于坛上，由喇嘛们一边念经，一边用铜勺将溶化为液体的酥油一勺勺浇在作物上后，点火焚烧，念经祈祷。囊尼哇们则纷纷围跪在“坛”的周围磕头、念嘛呢。

这一天，这家人家里静穆而祥和。几十个老人手持佛珠念着吉祥平安经，这一家的年轻人伺候着念经的老人们，一两个小媳妇忙不过

来，还要邀请相好的隔壁邻里来帮忙。

一日三餐要招待，但老人们从不说吃喝好坏的话，这全看主人家的条件。就这样整个正月年轻人拜年，忙着人来客去的俗务，老人们拿着佛珠天天醉心于祀佛的宁静里。

说这种仪式里有游牧时代的印记，是因为作者就这种习俗请教过自己的爷爷，爷爷说不出具体的产生年代之类，但爷爷习惯说：这种念经习惯时间很长很长了，话说那时候人少，人家之间相距遥远，老人们骑马走很远的路也要凑够十个人以上才要拜佛念经。

除了集体性的“囊尼”修行活动，“岗叟”是土族的一种个人闭斋活动。参加者多为老年人，其中多数为女性；长年有病的中年人也有做岗叟的。

他们首先要到寺院请一个喇嘛，作当事人的佛爷，也就是指导当事人做岗叟的岗叟喇嘛。此人必须具有身、语、意三种功德，即他在行为、经法、思想等方面可以为当事人的楷模。当事人要向岗叟喇嘛许下皈依三宝（即皈依佛、法、僧三宝）、坚守戒律（对世俗信仰者而言，主要是守五戒，即不杀生、不偷盗、不淫邪、不妄语，不饮酒）、广利众生的誓愿，此即佛教所言的“发愿心”。然后在每月固定的某一天或几天（一般为每月的初八、十五、二十九三天中的任何一天或全部）闭斋。

到每一月的这一天，早起时喝一碗清茶，吃一点素食，但不能吃饱，而且也不能吃蒜、葱、肉等刺激性或荤腥的食物。然后直到第二天早晨开斋。其间既不再吃饭，也不再喝水。老年妇女还要在斋日空腹去村庙转一天古拉。如果实在口渴难忍，则可以回家喝一碗清茶。但喝茶前要净手、净口，并将盛满茶水的碗举至额头处念经，以向神佛致歉谢罪，然后才可以饮茶。

四、知命乐天走佛路

顺从天意，乐天知命。

土民族一直以来都认为人的一切，包括生命都是“腾格热”（上天）的安排，凡事都要顺从天意，才是正确的、合理的。认同天、佛、君主等权威的存在，但土族人不缺乏主体意识，他们认为天或神佛是指引者，作为人不违背“理”就能平安一生。在各种重大事务的决策中，又认可权威举足轻重的作用，有时连个人的私事也要请示民间权威之一“神佛”帮助做出决策。在谈及人生意义时，多数认为是为子女而活着，一生为子女着想，他们认为为子女奉献是人生幸福之一甚或全部；人生最根本的目标就是脱离今世苦海，来世有个好的转世。

有了生死轮回之观念，土族人判断一个人的标准也就简化为好与坏，处处符合社会规范的人被肯定为好人，反之则被贴上坏人的标签。一个人自小就开始受到这方面的教育，而成年以后这些标准则成为大部分人追求的目标，并以能够得到周围人们的较高评价为荣。一个人耍奸使坏，不维护集体利益被认为“没有一点价值”。一个人一生是好是坏，一般以个人行为来判断，能维护群体利益，尊重群体意识，不做违背社会公德之事，待人以善，基本可以归入好人之列。

成了好人，土族人就有说法：下辈子肯定能成佛成仙。有如此判断标准，土族人做人行事就简单而执着，他们在活着的时候尽量以群体意识行事，他们习惯说：“不做亏心事，不怕鬼敲门。”因此土族人做事坦荡磊落，不做“人前说人话，人后说鬼话”之事，他们的人生轨迹一般是——自做好人，上孝父母，下赡子女，心中有佛，不怕鬼叫。

按这个轨迹走了，至死他们就会很坦然，火化之时只要面西而坐，他们就相信魂魄一定能到达西方极乐世界。

土族儿女在长辈去世后，要请喇嘛为亡人念指路经、免罪经、超度经等，为了长辈的来世都要到寺院点酥油灯，请僧人念超度经；一次点一百个酥油灯叫“百灯”，点一千个酥油灯叫“千灯”。

请喇嘛念超度经，火化时面西而坐，每天晚上众人念经，这一切仪式中都包含了土族的生死观。

由于土族人对生死归结于天、神、佛的意志，所以在新中国成立前他们不信医药，不讲究疾病治疗，因此死亡率在土族地区很高，20世纪80年代时候土族居住的很多村庄有很多山沟就叫“死娃娃沟”，那是专门用来埋葬早死婴儿或儿童之所。

新中国成立后，土族人民和其他各民族人民一样翻身得解放，随着民族政策的一步步落实，随着国家对少数民族的关怀和引导，土族人民慢慢走出了封建迷信的愚昧，开始相信医学科学，他们分清了心病佛治，身病医治，人的平均寿命得到明显提高。

第三节　一年四季桑烟飘

土族信仰驳杂，村民除了普遍信仰藏传佛教中的各类佛陀（如释迦牟尼、宗喀巴、达赖、班禅）和各类菩萨（文殊菩萨、大慈悲观世音等）、护法神等外，最崇拜“腾格热”，还有灶神、白石及龙王、神箭等，其中还有动物崇拜的遗俗。其中龙王、神箭等主要神祇与土族村民日常生产生活联系最为紧密，因为信仰多样化，所以土族人一年有很多祭祀活动，从每年的大年初一早上开始，每月都有一些大型的祭祀活动，一月当中某几天还有不同类型的小祭祀活动。

除夕上午，平时借用的家具及其他物件都要自觉送还。下午将庭院打扫干净，张贴春联，堂屋正中桌上设香案，供福、禄、寿三大神，献上“酥盘”（镶有红枣的大馒头）等供品。傍晚，人们到祖坟上烧纸，晚上吃长面条，意为长寿。此时还要在门楣上张贴印有龙、凤、吉祥马和金元宝四种图案的黄表纸，还要在庭院里郑重地举行煨桑仪式，面朝西方，点燃柏树枝，插上三炷香，为新的一年叩头祈福，把过去一年里家中所有不愉快的事情都赶跑；吃年夜饭的时候，老人们还要给孩子们讲历史故事，并为孩子摸顶赐福；然后全家团聚，喝酒，吃猪头。土族人讲究全家团圆，吃团圆饭；团圆饭一般要吃细长的面条和大块肥肉，表示健康长寿，食物不缺。每户人家要祭祀各路神佛，即在院中烧火堆，上面放些酥油和炒面，然后全家人对天跪拜磕头，祈祷神灵降福人间，保佑一年四季丰衣足食，万事如意。

土族认为一年中的正月初一早上的煨“桑”是最主要、最虔诚、最能取悦山神的祭拜，是给山神拜年。所以许多信徒都会在正月初一凌晨一点左右到附近的山头上煨桑、放禄马，并认为这一时间中的第一个上山煨桑的人今年会有最好的运气，所以大家都争着想煨“头桑”。许多信徒都是在除夕夜顾不得过完年，夜里十一二点就出发，拿着手电筒，拿着藏面、柏枝、禄马等去煨头桑。有些神山高耸入云，煨桑来回一趟需要六七个小时，所以除青年人之外，其他人想去也是力不从心，但五十多岁的人上山的也很多，一份虔诚心使他们不怕路途遥远。

大年初一，除了拜山神，土族人家的老人们早早起来，在自家的桑炉里煨上桑，带领全家举行拜祭仪式，因为年三十晚上家里举行过接神仪式，老人们认为过年三天房顶上有神佛居住，院子里有从祖坟里请回来的祖先，初一早上的祭拜给神佛先祖全都拜年。

正月初二是有些神佛“出马”的日子，届时，本村全部男人都到村庙参加活动，并给“青苗头”（即村落中主持农业生产以及与之相关的集体宗教活动的总管，其由村民选举产生，任期一般为一年或三年不等，在总管之下各社设青苗头，青苗头一般由近几年“时运”较好

的人担任）献哈达，而青苗头要设宴招待村民。这天要请出供奉的家神，举行“发神”卜卦活动，向神佛请示一年来村里或家族里的时运、农事、禳灾等，个别人还专门卜算家中私事，如儿子大了的问婚姻，出门的问财运，有病人的问治疗事宜。也有些村庄正月初八时进行“跳神”活动，以预卜当年人、牲、庄稼的运势。

每年农历正月初三，土族农村一些村寨的庙官、老者和“特肉其”们聚集在寺庙里，向地方保护神龙王磕头、煨桑、点灯，意为向龙王拜年。然后抬着龙王神轿到供有家神“丹煎桑”和“赤列桑”（“赤列”土语音译，意为龙王）的人家去拜年。与此同时，两个年轻人反穿皮袄作前导，提前进入龙王要到的家中，意为传讯。龙王神轿进门时，“什典增”要手握神箭提前迎接。龙王座落香案的左边为上位，神箭在右侧为下位，这家人要磕头、煨桑、点灯。然后“什典增”手握神箭，占卜来年收成、平安等问题；老者们跪拜祈祷，求问今年是否请喇嘛念经、念什么经，得到神佛旨意之后，由反穿皮袄的年轻人，在神轿等的前导下，逐门挨户跳神舞、驱魔鬼、赶瘟疫。

有些土族村庄正月十五还举行祭“敖包”活动。

“敖包”设在村落周围的高山顶或路边，土族地区常见的敖包一般由地下和地上两部分构成，地下要埋一根刻有六字真言的“命柱”和一些其他珍宝。地上的部分是用木桩立四个脚柱，再用柳条或其他灌木树枝编成围栏，栏内放置石块，上面插树枝和印有经文及马牛羊图像的旗，树枝上挂有红黄蓝等颜色的布条，分别象征祭火、地和天。

“敖包”是山神或土地神的住所。祭“敖包”时要由喇嘛念经，煨桑，往火中洒牛奶、酒，还要放“禄马”，举行“插箭”、“放生”等活动。同时也有“活祭”形式（即用于诅咒发誓的“血祭”，煨桑后将活山羊等推入火中烧死）。

正月十五晚上撤去家里所供神位，焚化钱马。晚上吃肉馅或面油馅的馄饨，在两个馄饨里包进两枚铜钱，谁的碗里出现有铜钱的馄饨，预示着在新的一年里有幸运降临。

等到夜幕降临之际，土族人家大门外堆放 7 个麦草堆，从厨房内点燃白天扎好的火把，引燃麦草堆，全家老小连续跳 3 次火堆，叫“跳魔火”，以驱邪消灾，执火把者口喊“去了！散了！”不停地挥舞着，将火把送至山顶或某个较远距离的固定地点。

年长者观看火光色彩，火呈暗红色，判断气温升高，雨量较多，丰收在望；火光淡黄，则认为气候不正常，出现旱灾。在十五晚上，还烧醋坛石，在醋中放进两个烧热的小石头、五种粮食，冒出热气，借以消毒。

四月份左右，各种庄稼出苗之时，每个土族村庄都举行“插牌”仪式。插牌时，将画有道教符文的新旗插在村落东西南北的山头和通向外面的路口。据说，此旗能阻挡暴风、冰雹、瘟疫，能护佑禾苗成长，不受病虫害侵害。

插牌以后，村子里不能砍放长出绿叶的树，各家的牲畜也要圈养起来，违反者要按照“乡规民约”受到“青苗组织”的处罚。与此同时，必须从周围寺院请喇嘛来念经，主要是念“雷部经”以祈求“雷部家”（即雷公）不要降冰雹，还设有专门用于挡雹的“崩康”（是一种方形无门无窗的土亭子，内装用红胶泥捏成的十万佛像“擦擦”，亭子中心竖一根红布包裹的白木桩，木桩上刻有六字真言）。

之后每月初八和十五日，喇嘛、苯布子（即藏传佛教宁玛派的在家修行人员）、法拉、青苗头、老人们都要参加煨桑、磕头、祈祷等活动。念经活动在“插牌”结束后继续进行，直至九月九“谢将”（感谢神灵）期间还要举行次数不等的“献活羊”（放生羊，即用羊作为祭祀的放生物）活动，具体日期不定，通常在初八、十五这两个吉祥日举行。

五月、六月土族村庄还要举行“转山”活动，也叫“转经”，就是每一家派一个人参加，每人背一部经卷转山，认为背的经越多越吉利。一般绕本村地界内的高山转一圈，背经的人男人不分年龄，结婚的女人不能参加，小女孩可以。在转经的过程中，一路要不断“发神”、“布阵”、“念经”，旨在堵住凶神恶煞、冤魂野鬼进入本村带来灾害。

背经转山这一宗教活动与甘青藏区的“旺果节”有相似的地方。背诵经文而绕地头转圈，其目的是求佛保佑风调雨顺，消除风、雹、霜等自然灾害。由此可见，“插牌”、“转山”、“谢将”等一系列宗教活动与农业生产有着直接的联系，因此是一种在农业经济生活的基础上形成的与农业生产的季节周期相适应的宗教活动和文化现象。

九月九的“谢将”活动，请喇嘛念经，并由法师请神，用食物作供品以答谢神灵的庇佑，这一天同时又是前任青苗头的离任和新任青苗头上任的日子。

土族人祭神活动贯穿一年四季中所有的节日，比如腊八早上有一种拜祭仪式，体现了土族人对土地、家神等的膜拜。

腊月初八清晨，谁起得早，第一个打上冰，谁就更有好运气。天刚亮，村里年轻人们就携带背斗、十字镐等，三三两两涌向河滩，砸取河中洁净之冰背回家，立于庭院中央、屋顶、院墙四角、门口及果树下，有的还置于耕地，以企盼来年风调雨顺，五谷丰登。一些土族老人还用腊八冰预测来年雨水是否充足及农业丰歉情况。其方法是，头天晚上在院里放一个盛满清水的碗，待其结冰后，根据冰层中泡粒的形状及数量进行预测，以圆形气泡表示豆类作物，条形气泡表示麦类作物，何种气泡数量多，则表示来年该种作物将会丰收。也有的人家直接观察从河床取回的冰块，以作预测。民间认为，腊八冰有消病除灾之功效，尤其对冬季的咳嗽有较好的治疗效果。从河滩凿来冰以后，家中男女老幼不怕寒冷，嚼食冰块。有些人家还在院中的干净处积存一些腊八冰，作治病之用。

腊八节吃“搅团”习俗的来历说法众多，有很多土族老人都说与佛祖释迦牟尼有关。据传，释迦牟尼修行之时，云游到土族先祖游牧区，因饥饿而昏厥倒地。当时一位牧女去背水的路上发现了他，把他救回家中，为其献上乳糜（奶渣、肉丁、人参果等熬制）充饥，释迦牟尼得以活命，后在菩提树下静坐沉思，终于得道成佛. 时值农历十二月初八。后来，每年十二月初八，所有佛门弟子在这一天诵经祈祷，并以糜粥供佛，以示纪念，相沿成俗。时至今日，土族民间腊八之日吃腊八搅团，一是纪念释祖这一天得道成佛，二是寄寓着人们祈盼来年风调雨顺、农业丰收的良好愿望。

每年腊月二十四晚上，土族妇女都要祭灶神，灶神土族人家叫“灶耶阿尼”（阿尼，土语：奶奶），是主管饮食的神灵，并每年要上天庭给玉皇大帝汇报一年来本家的善恶之事。因此，土族也和其他民族一样，要在每年腊月二十四举行祭灶神的仪式，以求得来年的幸福平安，达到驱病去灾、富贵长寿的愿望。

土族祭灶神的时间不是腊月二十三，是腊月二十四日晚上，这与汉族群众祭灶神的时间差了一天，对此在民间有着不同的传说。

一种传说说很久以前，土族人过着非常穷苦的生活，腊月二十三没有祭祀灶神的供品，他们没有祭灶，就早早地睡了。结果当夜，大家都做了一个同样的梦，梦见有一条狗在不断地追逐自己。土族人认为，梦见狗是灶神下凡的象征，狗追逐自己是灶神不喜的表现，因而到了晚上就只好用三根芨芨草当香烛用来祭祀灶神，以求得到灶神的宽恕和佑护，于是相沿成袭，就形成了现在土族每年腊月二十四祭灶神的习俗。

还有一种传说，说很久以前，土族祭祀灶神的时间与汉族是一样的，也是每年的腊月二十三，有一年土族灶神去天庭向玉皇大帝汇报

人间善恶，途中碰到了一个汉族的灶神，两人相伴而行，天晚了就一起住下来休息，土族灶神叮咛汉族灶神天明时一起去见玉皇大帝。结果，第二天早上，汉族灶神独自离去，而土族灶神则因旅途劳累，未能按时醒来，结果就比汉族灶神晚到了一天，人们祭祀灶神的时间也就推迟了一天，即在每年的腊月二十四祭灶。

有很多土族人家有给灶神许“灶猪”的习俗。如果某一年家里的猪病死或出现意外较多，这年祭灶神的时候就祷告灶神，说以后每年的腊月二十四杀猪就是专门祭奠灶神的，而且他们也真的每年的腊月二十四这一天杀年猪。

到了晚上，还要祭祀灶神，土族妇女一般都在自家厨房的锅台正上方的墙上画出灶神位，其画法一般是用和好的黄泥在避阳的位置涂上一个圆圈，圆圈下再涂一切刀，最下面涂一条虚线。画好灶神位的同时，还要烙一些祭祀用的圆饼放在锅台上，然后点上酥油灯，在炉灶内煨上桑，跪地磕头，感谢灶神一年来对家宅的佑护，使家庭衣食丰足、百事平安，也祈求灶神上天后多说好的，少说不好的，以求得来年五谷丰登、人畜两旺、无病无灾。

祭拜完毕后意味着灶神离位直达天庭，所以，当夜是不能再入厨房生火的，这样送灶神的仪式就算完成了。有送必有迎，迎接灶神的时间是在除夕的晚上，就像送灶神时一样，在灶神位前点上酥油灯，跪地磕头，然后在院子里燃放爆竹，喜气洋洋地把灶神迎接回来，预示着新的一年就在这喜庆的气氛中拉开序幕。

大年三十，土族人家同很多民族一样，讲究吃团圆饭，饭后夜深人静的时候要举行接神仪式，之前还要净房洁院，是敬神前除秽洁庭仪式，俗称“打醋坛石”。首先，家庭的男性成员要烧醋坛石，将从河滩里捡来鸡蛋大小、光滑干净而无破碎的三块鹅卵石，放在灶火洞或炉子上烧。而后，将烧红的石头放入脸盆中，放些柏枝叶（柏香）、葱头等，并在石块上浇上醋，盆中立即发出“哧哧”的声音。在柏枝燃烧和醋味四散的时刻，再倒入滚烫的开水，夹杂着柏叶清香和醋味的氤氲之气，顿时充满了房间，人们端起盆子，依次在各个房间进出，驱邪避灾，祈禳来年平安。因烧醋坛的盆子不能超过膝盖，因此家中老人不停喊：“端低一点，端低一点。”端盆者尽量弯着腰，将散发着清香的水汽带进各房间的角角落落，最后将残水和石头倒在大门外，随后紧闭大门，当晚不许再开大门。

据民间传说，醋坛也是神，叫作“醋坛神”，他的神位是很大的，因为是《封神演义》中辅佐周武王打下天下的姜子牙。打败殷纣王后，姜子牙登上封神台大封诸神，由于受封的人多，等轮到封自己时，才发现所有神位统统都被封完了。没办法，他只得给自己封了一个“醋坛神”。因为姜子牙功高盖世，威名远震，虽然“醋坛神”其位不扬，但足以让一切魑魅魍魉闻名逃遁。“打醋坛”时，如果把放有醋坛的盆子端高了，会让家里请来的诸神在姜子牙面前很不自在，所以人们要喊：“端低一点，端低一点。”

其实，燃烧柏叶时发出的香气和醋酸蒸发的气体都有很好的杀菌作用，如果端得高了，热气上升，就无法对低处进行杀菌消毒。

另外土族群众还有不定期举行的祭山活动，依情况不同可由“青苗头”组织村中人员到水边或龙王山上祈祷，仪式有如下几种。

（一）插彩箭

彩箭是信徒向山神祭供的神箭，据说这是山神守护神山的武器，一般箭长约 3 米，箭尾削成簇状，箭首装三块彩绘木板，象征箭羽；箭头上挂满了各种哈达和彩带。给山神献上彩箭会给自己带来好运，出门赚钱的人会有财运，所以信徒去煨桑时总会做上一两支彩箭，山上的箭也越插越多，形成了土族山神崇拜文化的一大景观。

（二）挂经幡

经幡是一种印有祈祷语、佛教图符的白色布条，一般的经幡可分

为两种：一种是蓝、白、红、绿、黄五种颜色的布条系在山顶的一条长绳上；另一种也是蓝、白、红、绿、黄五种颜色的主幡和幡舌组成，主幡通常是白色布，幡舌是缝在主幡上的小布条，这些布条上都印有经文和图符。经幡的制作形式和采用的色彩正好体现出五行文化。五色分别象征蓝天、白云、火焰、绿水和大地，其实五色还分别代表金、木、水、火、土或地、水、火、风、空世界形成之五大元素。

（三）放禄马

放禄马也是祭拜山神的一项重要内容。放禄马是指一种印有一匹驮摩尼宝珠骏马的图案，图案可以采用红、黄、白、绿、蓝五色纸。图像呈四方形，上面有日月，四角印有鹏、虎、狮、龙四种动物，有的在四角印有“龙”等动物的藏文名称，有的只印有六字真言等。

祭拜山神时，先煨桑，后顺着滚滚的柏枝烟再撒放禄马。土族认为禄马飞得越高越好，禄马的高低代表着家庭和个人的运气的高低。在柏枝烟中按顺时针转动印有禄马的模具也具有放禄马同样的效果，放禄马是向山神进献坐骑宝马来取悦山神。

（四）祭献活羊

祭献活羊，方式类似于藏族的放生羊，这是土族每年求雨时祭山神常采用的一种祭拜形式，几乎土族全村落的人都参加，届时会把一只公羊放到山里，说是献给了山神。还请“苯苯子”前来诵经，举行跳神活动。祭拜活动结束后往往全村的人挨家挨户轮流上山煨桑，一直持续到秋收以后。

（五）转山活动

土族有些村落在每年农历三月三、四月八举行盛大的转山祭拜山神活动。届时土族信徒举着彩旗，背着经文，敲锣打鼓，请出家神等，口诵六字真言，步行围绕神山转圈，少则一圈，多则三圈。如此祭拜活动往往祈求农事丰收，风调雨顺。

土族人敬重山也敬重水，祭祀活动中还有一项与水有关的活动，这就是“取水”仪式。土乡，如果天气干旱无雨，村里庙官、青苗头、信教的老人就会动起来，他们组织村人选个吉日到附近的神山神河里取水。

这项活动议定之后，从头天晚上开始准备，一般从夜里两三点行动。一村的青壮年男人抬上村庙里所供的神，拉上献祭的羊，拿上煨桑的东西，浩浩荡荡出门。

取水，要到有水流淌的神山上，比如互助县甚至周围的一些地区的土族村民都到龙王山上取水，因为龙王山顶有一股很大的山泉从半山腰飞倾而下。

来到龙王山下，大家漱口净手，之后有人煨桑，大家一起跪拜叩头，然后宰羊献羊，所献之羊要煮熟，但不放盐、调料之类，此时有人已经上到龙王山顶，在敖包上绑上献给龙王的“红”（一两丈长或几十米长的红布）；之后才“发”神，神降凡之后，所有上山的人不停地叩头祈求，请的神开始和龙王对话，有老人还要向所请之神跪问何时龙王能降雨等事宜，直到有所圆满回答方才结束。

第四节　别具一格的“邦邦”

说到土族的祭祀活动，不能不说土族“邦邦会”（邦邦，音译，发音为：biangbiang）。该法会因法师跳神时手持单面扇形羊皮鼓边用木棍敲击鼓面，其声“邦邦”而得。

“邦邦会”是土族传统的民俗活动，每逢农历二月二、三月三、四月八等日子，青海互助县的许多土族乡村都要举行“邦邦会”，时至今日，每年的“邦邦”仍香火旺盛，法鼓不停。

青海省互助县土族不仅信仰藏传佛教，而且信仰从汉地直接传入

邦邦会上的法师敲着羊皮鼓在跳神 （祁文汝摄）

的神。土族习俗不唱戏、不演灯影、不耍社火，其文化娱乐除跳“安召”舞、唱赞歌及参加花儿会外，喜欢观看寺院宗教舞蹈。一些地方没有固定寺庙，也要搭起帐篷神庙举行祭祀，届时要请法师来做道场。其时法师身着道装——黑袍长衫，手持羊皮鼓，也有敲锣助威的。一般没有具体的故事情节，舞时 5 到 7 人不等，由长者领舞，转动鼓面敲击，随鼓点缓急表演相应动作。舞毕，酬神告一段落，人们三五成群吃喝狂欢，跳安召舞、唱“花儿”，人神同乐。

“邦邦会”的来历，土族群众中有几种不同的说法。在互助丹麻地区有这样一个传说：一个放羊娃在山沟里放羊，他听见一种声音，在反复询问：“山开了没有?”放羊娃见四周无人，遂不予回答。有人知道后，让放羊娃带上馒头，如听有人问，一边回答“开了”，一边将馒头掰开。放羊娃在次日闻声后照办，只见山崖裂开，内有一尊东家娘娘的全身塑像。村子里的老人们便把塑像请回村中，尊为地方保护神。她既然保护了地方，每年腊月初八就要跳神祭神，其目的当然是为了让娘娘高兴，让她更好地保佑地方。

在跳神时，娘娘庙里提前高悬一个纸袋，里面装有五种粮食、钱币、红枣等，将装五色粮食的包扯开，里边的红枣、花生、果子、小馒头等撒落，参加祭神活动的信众纷纷抢夺，据说得到者便有喜事。

“邦邦”时间不等，土族村民在每年春夏季节为保丰收或祈平安而举行，比如东沟乡大庄村的龙王会在农历二月二举行，从准备到整个活动结束共需三天时间。

第一天，村里庙官、老者、特肉其（组织本村各种酬神活动的专职人员）聚集在一起，依据前一年的龙王神剑选的跳会地址，扎帐房、摆香案，同时请来邻村的法师五到七名。其中一位总主持，村民称其为“完善”，举行竖幡、招魂、放幡等仪式。并在帐房前竖高三丈多的幡杆，露出地面三丈三尺，埋地一尺八寸深，寓意 33 天界和 18 层地狱。用黄表纸、白纸剪贴云纹、连环套等花样长幡和长钱，挂在杆头，用来招请众神。幡杆顶端横置两齿叉，各戳一个馒头，如同日月当空。幡杆用数根长绳固定，这些绳上还系挂着包有粮食、红枣、花生、水果糖、核桃等物的“粮弹子”。

第二天，“完善”法师带领一队人马去某一选定地点，禳解避邪，以求保佑村庄平安，此谓“出兵”。傍晚，众人抬着神轿、神箭等出动，法师们到选定的某地去招魂。招魂时在方斗握把上置一小瓶，瓶口插七炷香，法师作法，勾来一童男魂魄（瓶倒认为魂已勾来）酬龙王、神箭。所以在“邦邦”会期间，跳邦邦的村子里土族村民都在自己的孩子身上缝一小红布袋，内装蒜、五色粮食及红布条，以免孩子的魂被法师勾去。

第三天，是“邦邦会”的最后一天，整个活动达到最高潮，届时将村里寺庙里龙王神轿、神箭等神灵全供在“邦邦”会场上，本村以及外村村民陆陆续续来到会场煨桑、磕头、上香、点灯祈福求平安。法师们磕头、祷告、齐声诵词祈祷后，手执单面团扇形羊皮鼓，齐敲神鼓起

舞。放幡时，围观的众人纷纷争抢“粮弹子”和幡杆头上所戳的馒头，据说抢得馒头者生“状元郎”，抢得“粮弹子”者年内将得到神灵的保佑，万事如意，抢得纸幡者可以给孩子冲邪。

第五节 萨满遗风支撑信仰一角

萨满教是早期北方草原上最为普遍的信仰，土族在历史上曾以游牧生活为主，后来才逐渐发展为农耕定居，因此萨满教在土族的早期历史中有长期的信仰，并且其很多内容延续至今。

土族人认为“腾格热”（天）是至高无上主宰万物的神，世间一切享用的物品都要首先敬献给“腾格热”。祭“敖包”、“献羯羊”活动也是萨满教的活动内容，其他如猫鬼神、嘟嘟那（类似于“狗头精”），都是原始宗教信仰的遗留。还有对神箭的崇拜，村庙和家里所供奉的尼当、丹姆尖等神的形状就是木制或铁制的箭，箭杆上缀有很多布条，一般都供在堂屋正中，节庆日祭献，遇疾病时请法拉发神等。由于以“箭”作为护法神法力凝聚的象征，因此也有人认为实际上是土族古老的民族神——神箭崇拜。这是游牧民族中普遍存在的一种“工具崇拜”，在狩猎过程中弓箭的发明是生产力大大进步的标志。因此，“箭”作为主要的狩猎工具而受到人们的崇拜是很自然的。

此外，还有对日月山川自然的崇拜，均属于原始崇拜的范畴，而活跃于这一范畴的教职人员“法拉”则是人神之间的中介，传达着对于人们最普遍的关怀，以跳神的方式为人们禳灾神福、答疑解惑。法拉作为在人们观念中比正常人少一个魂魄的特殊人物，一经认定，便成为神的代言人，在请得神灵附体后，张扬神的法力，回答人们的祈求。这种以法拉为表现中介的多种信仰，在土族民间普遍存在。

在萨满教时期，人们将世界分为上、中、下三界，或者天界、人界、鬼界。土族民众认为天无所不在，无时不在，在任何地方、任何时间都在俯察着每个人的所作所为。之下，再细分为三十三天。民间信仰意识中经常出现的幡杆象征宇宙树，其三十三尺长的幡杆地面部分对应于三十三天，幡杆底一尺八寸长的部分对应于十八层地狱，一根幡杆将宇宙象征性地加以缩微。通过象征符号，展现土族人对于宇宙、自然环境的知识体系的认知。萨满文化认同地球万物均有灵魂，甚至一块石头也有生命，会随着时间不断成长。

龙王山顶的敖包　（祁文汝摄）

土族人认为，人只是整个自然界的一员，举手投足都有可能对自然界造成伤害，而自然界受到伤害后必定进行报复，人与自然界之间的矛盾是常态的，而且经常处于不断转化之中。土族民众一向崇拜自然，对天地日月星辰、山岳树木、河流泉水无不崇敬。土族人民生活中举行的各种民间仪式，就是要协调人与自然界之间的关系。在他们的观念中，人作为自然一员，可以通过自身的努力，适当地改变自然、控制自然。

土族通过神灵的方式，将自然与人类世界联系起来，并通过各种信仰仪式来展现自己对自然的认识。民和地区土族演唱的歌谣《观天

地》、《观练天地歌》、《绣莲花》、《五方拜歌》等，都有天地、玉皇、地藏王菩萨、女娲娘娘、雷公雷母、紫微星君、灶君娘娘、东头真君、真武祖师、佛、观音、土主老爷、三大财神等诸神，其中也反映出道家文化的因素，如《六十花甲子歌·绣莲花》结尾唱道："东方里安了甲乙青龙财，南方里安了丙丁迎喜财，西方里安了庚辛金银财，北方里安了壬癸道德财，中方里安了戊己金库财，五方财神安的稳，坐的正……"在《八央九月》的封灯曲中唱道："第一盏灯是天大爷爷的灯，第二盏灯是财神爷的灯，第三盏灯是门神爷的灯，第四盏灯是灶神奶奶的灯，第五盏灯是女厢阿姑的灯。"《八洞神仙》、《五行歌》等也接受道教文化的成分。

土族神话谱系中，天神崇拜无时无处不在，时时得到人们的信仰，但是造像过程中没有天神形象，也没有被供奉的塑像，这大约是过分敬畏之中的一种隐喻。

火是温暖，火也是敬仰的一种图腾。土族和许多少数民族一样，十分珍惜火，视火为吉祥物。土族的婚嫁丧葬与火是密不可分的。

土族人家要请神，一堆喧火中升起的一股桑烟，就能接通天地神人；每天在家里煨一次桑，天神或别的神就能看到一家人的虔诚，就会得到神佛的保佑。

不说别的，土族人家从外面买一只小猪回家，进门时要在门口放一把火，因为猪和瘟同在，一把火就能把瘟神挡在门外。

土族人生活在黑山白水间，一块白石在土族人的心目中也是有生命、有灵性的，土族人崇拜天，崇拜火，也崇拜白色的石头。走进土族村庄，你会看到一副副庄廓的大门顶部、庄廓墙的四个角都置有一块椭圆形白石用以镇宅避邪。

土族对白石崇拜、火崇拜的内容和形式都与羌族很接近，说明羌族文化与土族文化间有一定的渊源关系，这两个民族曾经共同生活在

挡灾求吉的白石堆 （祁文汝摄）

一方水土中，文化的交融和相互影响是肯定的。

水崇拜在土族民间信仰中也有一定遗存。某些土族村落仍然视自己村落的泉为神水，禁忌人们随意向泉中抛洒杂物，忌在泉中洗衣物。人们认为泉是龙王居住的地方，过去还修建龙王庙加以祭拜。土族人忌往水中撒尿，如果尿了会在母亲的乳房上长疮。

所有游牧民族，或者曾经经历过游牧生活的民族，都认可狗是山神的恩赐，狗是看家护院的好帮手，都把狗当成家庭的一分子，狗是狼的远方兄弟，也是人的不同语言的弟兄。除了看家护院，土族人还把狗赋予神性，狗与狗血在土族生活中被赋予镇邪驱祟的神奇作用，可以镇服、驱除一些鬼怪邪恶，保护人的健康安全。土族地区还有在“崩康”里埋活狗的习俗。因而土族人不吃狗肉，谁吃了狗肉，被认为是背叛民族，是民族的败类。

蛙崇拜可以从土族的创世神话《阳世的形成》中找到一些痕迹。每年端阳节，土族妇女不挑水。据说，端阳节是蛤蟆洗澡的日子，因此这一天的水喝不得。这一天人们还把牛羊赶到河里洗澡。

在土族地区，对于天、地的祭祀和财神、祖先等一道进行，祭祀时间一般在农历正月进行。从正月初一（也有从腊月三十）开始直至正月十五，每天都要上供烧香，一天三次，没有正式的祷告形式，这中间有特别的祈祷祭祀活动和仪式，但那是有针对性的，例如，有很多土族集聚区，每年的农历正月初二举行祭祀家神活动，卜算家族内一年来生产、生活等情况。

第六章

包罗万象的礼俗

土族，做为五十六个民族中的一员其婚姻礼俗显示出自己独特的魅力，土族婚俗更多地表现出自身独具特色的艺术性。除了婚俗，土族在长期的历史发展中还形成了一些自己独特的礼俗。

土族人特别看重娘舅，娘舅来了，他们说“阿舅来时金柱动弹哩”。

有客来了，他们习惯说一句“亲戚来了福来了”。

尊老待客方面长辈们教育子女要做到“好穿的自己穿，好吃的给人吃”。

第一节　礼貌待客是本分

土族人好客，招待客人土族人不分亲疏，有客人来了，他们会一律对待，客人进门，他们会摊开双手弯腰让路，他们喜欢说一句：“喜鹊叫了，贵客到了！”

你到土族人家做客，如果提前打过招呼，土族人会早早准备好酒具，在门前恭候。客人到家了，他们都要恭敬地为每位客人献上三杯

酒，按他们的说法是下马酒，意在路远风寒，暖暖身子。

之后他们会簇拥着客人进门，客人被引到家门前，又有一伙人拦住去路，并举杯斟酒，要喝进门酒，当客人在铺有洁白的羊毛毡的炕上坐定，俏丽大方、笑容可掬的土族阿姑又会端酒来到客人面前敬酒，名曰吉祥如意三杯酒。

客人坐定，寒暄已毕，土族人就以三道饭的规格款待客人。

通常第一道是加了青盐的奶茶或浓伏茶，摆上"焜锅馍"，这道茶叫"馍馍茶"。

第二道是奶茶和狗浇尿油饼，狗浇尿油饼是土族饭食里面的一道特色小吃。做狗浇尿油饼，先要把锅热好，之后把擀好的薄如纸页的面饼放进锅里，然后土族妇女马上会用手抬起面饼一角，一边转动一边浇油菜油，一面油刚浇好，浇油这面已经成熟，翻过来，又一边转动一边浇油，一张饼做成只需要一两分钟时间，也许是做得时间快，像小狗撒尿似的，人们就起了个"狗浇尿"的名字。

也许"狗浇尿"这种名字带着乡野气息的意趣，就这个名字有不同版本的传说。

一种说法是，"狗浇尿"和一名土族阿姑有关。

从前新媳妇过门，按照传统，第二天早餐时都要露一手。其中有位新媳妇手忙脚乱赶做早餐时，一只小狗跳上灶台，一脚就把油壶踢翻了，清油在案板上流得到处都是。新媳妇急中生智，连忙将面粉倒在案板上将油吸干，然后和成油面，撒上香豆粉，擀成薄薄的饼。在煎饼的时候，因为剩下的油不多，只能一小圈一小圈地分次加油，饼熟之后端上桌，大家品尝后，都说特别香，问新媳妇是怎么制作的，新媳妇不好把狗踢翻油壶的事情说出来，就说是狗把尿浇在上面的缘故。于是，人们就把这种薄饼叫作"狗浇尿"。

第三道是正席，以手抓羊肉或猪肉为主。这时主客盘腿而坐，谈笑风生，主妇端上一个旁边贴着酥油花的长二尺宽五寸多的长方形木盘，盛满喷香的肉块，上插一把小刀，还有一把系有一撮白羊毛的酒壶，主客之间边饮边吃。

此时，有酒助兴，主客之间就会唱一曲曲美妙的赞歌，或者主人会唱一曲敬酒歌给客人敬酒，使客人感到无比的温暖热情。

宴席完毕，当客人致谢告辞，即将离去时，主人还要捧酒敬客三杯，名曰上马酒。土族人认为客人酒喝得越多，席间气氛越热烈，主人才越感到光彩，是自己待客周到与成功的标志。

第二节　独具特色的风味小吃

土族特色小吃很多，这里列举有特色的几种，比如“背口袋”、甜醅、麦索儿、酿皮等。

“背口袋”是萱麻馍馍的民间叫法，青海的很多山坡上长一种植物——萱麻，割下萱麻叶子晒干捻成粉末，拌在青稞面里烧成稀粥，再加上蒜、花椒之类，卷进“狗浇尿”油饼里需要双手捧着吃，土族人叫“哈里海”，汉族人戏称“背口袋”，其美味主要来自野生的萱麻叶子。

青海乡间有一句民谚说：“给嘴解馋，甜醅当先。”

甜醅，是土族群众乃至青海各族群众喜欢的一种传统风味甜食，具有清凉、甘甜的特点。入口软绵可口、清爽自然，散发出阵阵酒的醇香，食罢则如咀嚼干果、品尝香茗般，令人回味无穷。

甜醅的创制，同河湟谷地土族人民酿造酩馏酒有着密切关系，可以说它与酩馏酒同源异流。酿造酩馏酒入缸前的程序和甜醅的酿制基本一致，只是酒曲配制不同而已。

追溯其源流，则历史久远了，史书记载唐代的人们就已食用它，

或用它招待宾客。杜甫《客至》曰：“盘飧市远无兼味，樽酒家贫只旧醅。”旧醅，便是酒醅，酒醅也是甜的，而且酒味香醇，浓郁芬芳。土族人喜食甜醅，可谓古风犹存。

青海高原是耐寒早熟的青稞的故乡，甜醅都用青稞作原料，加工制作简便。方法是把青稞浸潮碾去外皮，用清水洗去杂质麸皮，入锅煮熟，直到青稞表层裂口开缝，即沥出冷却，将酒曲碾成粉，和煮熟的青稞调和均匀，装到坛罐陶器中密封，覆盖保温物保持恒温，发酵数天后，便可开启食用了。

甜醅具有极佳的营养和药用价值，据食品营养专家研究发现，它对人体的滋补保健作用，不亚于风行华夏的“八宝粥”。夏天吃可以清心提神，去除倦意；冬天食用则能健脾暖胃，补中益气，催发食欲。

甜醅原料易得，酿法简单，且养分天成，青海人对它嗜之难舍。

农历六七月，走进土族人家，还能品尝到“麦索儿”。把半青不黄尚未变老的青稞或小麦穗头揪下挽成小把，放到锅里煮熟，手工脱粒，簸去杂物，用手磨磨成寸丝状，装进碗里，浇上熟菜油，拌入蒜泥、葱、香菜、盐等，现配上凉拌菜，即成为新鲜可口的小吃。

说到麦索儿，话题还扯到了当年的辛酸。说很早以前土族人的耕作技术落后，一年种的粮食续接不上第二年的粮食成熟，于是智慧的土族妇女学会了用半熟的青稞做成“麦索儿”救济一家人，“麦索儿”成了青黄不接时度荒的食品，到如今成了尝鲜的风味小吃。

土族老人教育子女习惯说一些发人深省的谚语，比如待客方面母亲们喜欢说：好吃的给人吃，好穿的自己穿。

好穿的自己穿。这句话表现了土族儿女对自己民族服饰的喜爱。土族服饰蕴含着自己的审美情趣和文化追求，土族人都有节日盛装和几套便装。喜庆之时，走亲访友，参加节日聚会，大家都会穿上绣花刺绿的节日服装。

男人们勒上花腰带，腰间还要别上一尺长的镶有玛瑙嘴的旱烟杆，没结婚的年轻人别的绣着孔雀戏牡丹的烟袋说不定就是相好的姑娘送的。

女人们到了节日喜庆之时，要穿什么，那是几天前就开始琢磨的事情，头上戴的、身上穿的、脸上搽的，一个人想啊想，之后还要和要好的姐妹商量商量。

互助佑宁寺观经会上的土族妇女　（祁文汝摄）

节日到了，要出门了，小媳妇大姑娘们钻进闺房没有一两个小时出不来。出来了，平日里那个泥腿污手的邋遢样不见了，花枝招展的她们让男人们也有了逛会浪街的好心情。

阿姑的花袖衫好看，酩馏酒好喝，还有一种人见人爱的美食值得介绍，它就是土族人特喜欢的酿皮。

酿皮是在麦面或洋芋粉中掺和一定数量的蓬灰和敷料，用温水调成硬面团，再几经揉搓，等面团精细光滑后，再放入凉水中连续搓洗，洗出淀粉，面团成为蜂窝状物时，放进蒸笼蒸熟，这叫“面筋”，再将沉淀了的淀粉糊舀在蒸盘中蒸熟，这便叫“蒸酿皮”。蒸熟了酿皮，从

盘中剥离，切成长条，配上面筋，浇上醋、辣油、芥末、韭菜、蒜泥等佐料，吃起来辛辣、凉爽，口感柔韧细腻，回味悠长。

酿皮除有“蒸酿皮外”，还有“馏酿皮”。馏的酿皮，金色发亮，薄细柔脆；而蒸的酿皮，色褐沉着，浑厚肥大，两者色形各异，而味道基本一致。酿皮虽是小吃，但可作主食充饥解饿，也可当菜肴，充当下酒冷盘。冷热均宜，四季可食。

除了以上这些，酸奶也是土族人喜欢的美食。

酸奶，是高原上的冷饮食品，现在普及到青海的城乡各地，深受各民族群众的喜爱。它色白似雪糕、质洁如凝脂、味鲜像荔枝，不仅玉肌冰心，而且乳香扑鼻，叫人入口生津，酸得爽快。

时代变了，一个民族的饮食习俗也发生着变化，例如，土族古老的圈圈席慢慢消失了，汉族的八盘席及相关的礼仪渗进了土族的礼节习俗之中，但土乡留存的一些特色小吃一直保持着，而且在日益发展的民俗旅游中成了外地游客专门寻访的美味佳肴。

第三节　五花八门的禁忌文化

每一个民族都有自己的禁忌，而且禁忌文化源远流长，土族作为一个融合性民族，禁忌文化里有游牧习俗的折射，有农耕文化的烙印。

土族人在生活习惯、喜庆节日、婚丧礼俗和宗教信仰中有不少禁忌。

土族先祖的生活中，马是坐骑，也是一种图腾，因此土族儿女爱马，敬马。土族忌吃圆蹄牲畜（马、骡、驴）的肉，并忌外人携带圆蹄牲畜的肉到家中食用；忌在牲畜棚圈内大小便，认为弄脏了棚圈，会影响牲畜的健康成长和繁殖；忌在畜圈内清点牲畜。

土族为什么忌讳吃圆蹄动物肉？一种说法是白龙马驮过经，土族信佛。还有一说是土族人的神谱中有一尊神叫骡子天王，骡子是神，神的肉不能吃，所有圆蹄动物跟骡子有血缘关系，马肉、驴肉也不能吃，这是信仰禁忌的代表性表现。

土族的寺庙大殿或家庭佛堂内不让去过暗房（月房）的人以及孝子（服丧的人）和妇女进入。土族人认为以上三种人身有晦气，会冒犯神佛。

土族禁忌文化中还有祖灵禁忌。家中老人去世，孝子“斋戒”，同年（守孝年）家里不起油锅，不杀生，不拜年，不走亲戚。长辈去世一年内，禁止妇女穿红戴绿，禁止过各种节日。

土族的生活禁忌更多，而且更多的针对妇女而言。

例如，忌讳女人拍男人的肩膀，说男人的左肩上有神灯照亮，右肩上有幸运灯燃烧，女人会拍灭这两盏灯。忌妇女穿短衫和脱帽在长辈面前经过；忌进过医院的人、妇女、孝子（服丧）进入寺庙大殿或家庭佛堂内；忌妇女到“神山”、“神泉”禁地。

忌男子随便进入青年妇女的卧室；禁止与未婚姑娘开玩笑。

土族人家给客人倒茶，忌用有裂缝的碗；端送茶时，忌单手给客人，要双手递给；忌向客人问“吃饭没有”，或“吃不吃饭”；忌在客人面前吵架、打骂孩子，这是对客人的最大失礼；客人忌穿着鞋上炕，认为这是一种对主人不尊敬的行为；上炕后忌坐在枕头、被子、衣物上，忌将鞋袜、裤子放在高处。这些禁忌跟土族人敬重客人的传统美德相关联，值得提倡。

以上这些是礼仪禁忌的一部分，例如还有——忌不打招呼就突然进入他人家门；禁止在水源附近洗涤衣物和便溺；忌早上出远门碰上空水桶、空背斗及不洁净的东西。一旦遇上要马上返回家去，改日再走或再去办事；忌讳夜间从家里往外拿东西；忌在厨房、寝室里吐痰、擤鼻涕以及在人前放屁。

土族人还有忌门习俗。忌门，土族语称作“吾达·吉拉”，一般是三天、五天、七天，大门是招财进宝、进吉避邪的重要关口，如生了孩子、安上了新大门、发现了传染病等，别人不得进入庭院，忌门的标志是大门旁边贴一张红纸，插上松柏枝或在大门旁煨一堆火。出现以上事情之一必须忌门，即禁止外人进入庭院，以防邪气犯正。

随着土族社会经济的发展，科学文化知识的普及和提高，土族的禁忌也在不断地发生着变化，有的被保留，有的被扬弃。

第四节 寄托佛意的丧葬习俗

土族的丧葬习俗，是土族传统民俗文化的重要组成部分之一。

土族丧葬因地而异。互助地区多数实行火葬，少数实行土葬。民和、大通地区一般实行土葬。同仁地区的土族实行火葬，也有土葬的。不论是火葬还是土葬，都要举行丧葬仪式，子孙要守孝一年。服丧和守孝期内，不娱乐，不饮酒，不赴宴，不穿新衣，不贴春联，不走亲访友。

老人去世，一般都在三天至七天内送葬，举行葬礼要请喇嘛念经，开始念“指路经”，之后还要念赎罪、超度等经。

土族葬礼隆重而肃穆，葬礼期间，所有参加葬礼的人不说笑，不打闹。

有老人弥留之时，其前放一碗清水，上搭一双红筷子（意即为亡人搭天桥），由儿女们搀扶着，让其面朝西故去。

老人故去，将其衣服脱下，将遗体扶起，成蹲坐状，双手合十，两拇指撑于下颌骨，用一条白布或黄布条进行捆绑，捆绑时有专门的程序，在每一关节处绾一个结，一身要绾七至十三个，然后套上黄布做的套子，土族语称“布日拉”，装入“斡东”（灵轿）内。

土族人的“斡东”制作精美，俗称“一间转三”，二层楼式，悬梁吊柱。上面雕有各种花卉图案，顶端饰木刻日月模型。油画后，其图案就更加鲜艳美丽，栩栩如生。将其安放在正屋堂间里，孝子们昼夜跪守在其周围。

亡人入殓完毕，姑娘、儿媳们要哭丧。

第二天早晨，即派人去向喇嘛或“苯苯子”（有萨满遗风的一种神职人员）占卜葬期，邀请本家各户家长商议治丧事宜。

服丧期，丧主家孝子要脱帽穿长衫、系麻绳，睡草铺昼夜守灵，女人除去衣帽上的花边等，着素色衣，均不吃荤，不开玩笑。给亲友报丧时，一般不拿礼物，到娘舅家报丧，必须带上两个馄锅馍及茶酒，娘家人对丧事规模提出具体要求，在举行丧仪的那天还要给娘舅认真禀报。

土族人家灵堂设在堂屋里。亡灵一般在家停放三天、五天、七天。停放期间，孝子要守灵，守灵人要操心灵前的长明灯不能熄灭，要不间断的烧纸。

举行葬礼的前一天，是集中祭奠的日子，土族语称“日格”。当天，邻里亲朋来亡人灵前烧纸、吊唁、献馒头（十二个），女婿、外甥等下亲，除献馒头外，还要献油煎饼十二张、哈达、孝钱若干等。女儿、外甥女来时必须要哭丧。

女儿、外甥女来哭丧时，前去迎接的儿媳也一定要哭迎，否则，就被视为无德无礼。

姑娘、外甥女哭丧时，本村一些妇女看到姑娘们过度悲伤，还会来劝哭。

当天亡人的娘舅家要来“认骨”，娘舅人来时，儿媳、姑娘们还要哭迎。

期间“骨主”（亡人娘舅亲人）请到院子中间铺好的白毡上，在

“丧官”的主持下，孝子们跪在院子里，向“骨主”汇报整个葬礼的一切，仪式如下——

临端二道茶时，要给娘舅敬酒、献哈达，禀报当天的丧仪情况，以及以后从亡人的后面所施舍的布施情况等。

丧官此时要把丧礼的准备情况及整个丧礼过程进行详细的汇报，“骨主”如满意，一般提一些简单的要求，比如到寺院给亡人“滚盲茶”，到第二年清明节迁入祖坟时给亡人放个石桌；如果子孙们在亡人健在时虐待了老人，“骨主”就会提出又要花钱又要出力的要求，比如到几个寺院里给亡人点酥油灯，这点灯还有说法，点百灯、点千灯、点万灯花钱不一样，寺院数字多，全要求点千灯、万灯，一般人家是承受不起的，之外还对葬礼表示不满，故意挑剔，让孝子多跪一段时间，以示惩罚。

最后，娘舅人要到亡人灵前进行告白，祷告葬仪中的一切。

土族人的火化灶是自己用土块泥制而成的，土语叫“坛”，其形如圆形灶，下面留有四个能添柴的小眼。进行火化，先将亡人放进灶内，然后把灵轿砸碎投入其内烧掉。火化时，女儿、儿媳们还要哭丧。

举行火化仪式，火化工是从本庄子上邀请的较为年长的人（如果死者是年轻人就不需要老人）。火葬时送灵轿到村外火葬，将死者面向西方火化，火化得越快越好，表示死者毫无牵挂。一般在火化后的第三天将骨灰装进木匣或瓷罐内，埋在临时选定墓地，第二年清明节再埋于祖坟墓地。

葬后，众人回到家里时在门口放一盆水、一把刀，入门先洗手后燃一堆火，以禁阴灵入内。逢亡者的“头七”到“七七”（土语叫“多郎”）要请喇嘛念经超度。

请喇嘛到家做超度法事时，儿孙媳妇们还要哭迎喇嘛。

从葬礼日开始，孝子孝孙四十九天之内要给亡人煨火，期间孝子不能参加娱乐活动，不串亲访友，不剃头，不刮脸，以示守孝、哀悼。

正在火化亡人的“坛” （那朝庆摄）

土葬地区，人死后，要为亡人净身穿寿衣，两袖口各装 7 个小面饼（俗为打狗饼），用白麻扎住袖口，灵位前要点长明灯。村里的本家得知死讯后即串连众人到死者家中吊丧，并派人向外家报丧。外家前来吊丧时，守丧的孝子们手拈香炷在门前跪拜迎接。外家人烧过纸钱还要察看亡人是否正常死亡，若有死因不明等原因，提出推迟出丧，交官家处理。吊丧完毕，另请房间款待，孝子抬孝布，请外家人开孝布。出殡前一天晚上，在庭院里搭架台，佛道两教的喇嘛道士高声各诵其经超度亡灵。

出殡时全村各家门口燃一堆火，以免亡灵游弋。其次，亡者对生者护佑增福要靠道教阴阳或法师做一系列的工作，如选坟地、测日子等；给亡人袖中装打狗饼，亡灵前点长明灯，造阴宅、戴孝，也都是汉族道教文化的内容，这也是西部地区各民族融合的一个见证。

在整个丧葬过程中，佛教色彩浓厚，死者的来世命运掌握在喇嘛僧人诵经超度的多少上，因此老人们评价一次葬礼好坏的标准就看儿孙们请了几个喇嘛，在几个寺院里点的酥油灯是百灯、千灯，还是万灯。

第七章

从“二牛抬杠”到科学发展

历史悠悠，兴衰更替。

时光久远，我们已经无法还原吐谷浑西迁路上遭遇的种种艰辛，可以肯定的是，从遥远的辽东来到青海后，吐谷浑曾以柴达木盆地为中心，在南至昂城（今四川阿坝）、龙涸（今四川松潘），西到白兰（今青海果洛州扎陵湖、鄂陵湖）的广大区域里，创造了灿烂的文明。

土族先祖以马代步，与牛羊为伍，至吐谷浑王国灭亡，土族人丢失了草原和牛羊，这时他们不得不向土地要吃食，拿惯了挤奶桶的手不得不拿起铁锹、榔头之类劳动工具，此时随着内地汉民族的迁徙到青海，一些先进的耕作技术也流传进来，骑马驰骋的土族先民扶起了“二牛抬杠”的犁铧。

经过漫长的心灵历程和生活习俗等的艰难转型与适应，直到1949年全国解放，土族地区各项建设事业得以发展。特别是改革开放以来，土族地区地方经济、政治文化得到很快发展，尤以青海省互助土族自治县的发展最具代表性。目前，全县大力发展园区经济，已初步建成高原特色现代农业示范园区、青稞酒产业及民俗旅游生态园、塘川工业区和红崖子沟工业区；工业企业目前已有酿造、建材、农畜产品加工、冶炼、水电五大支柱产业；特色产业（制种业、畜牧业、旅游业）方兴未艾；城镇建设步伐迅速，基础设施不断改善，科教文卫快速发展，人民生活水平显著提高。

第一节　社会转型我跟随

时代在发展，社会在前进。土族儿女经历了游牧到农业的大跳转，其间还经历了无数次的磨难和考验，土族儿女像高原白杨一样坚强与柔韧，他们生活在多事之秋的青藏高原，历史造就了他们审时度势的目光，他们靠自己的聪明智慧一次次跨过险恶历史的风尖浪口，他们在艰难中求生存，他们在危机中求突破。

马家军阀统治青海 40 年，期间土族人民和其他各民族人民一样遭受着马家军阀剥削压迫，当时马家军阀不承认土族是一个独立的民族。1938 年，马步芳下令强迫土族妇女改变服装和头饰，当时马步芳喊出了“留人不留头，留头不留人”的恐怖口号，为了生存，土族妇女不得不放弃华美尊贵的头饰。

土族妇女的头饰称为“扭达”。1938 年以前，大致有“吐浑扭达”，也叫干粮头（形似圆饼）；“捺仁扭达”，也叫三叉头（上有三只箭头）；“什格扭达”，也叫簸箕头（形似簸箕）；“加仕扭达”（形似犁尖头）；“雪古朗扭达”（形似漏凹槽）等式样。据说在这些“扭达”中“吐浑扭达”为最古老最尊贵的头饰。

1938 年以后，大部分土族妇女常把头发梳成两条长辫子，垂在背后，末稍相连。头戴织锦镶边、翻卷帽沿的“拉金锁”毡帽。

作者就马家军阀欺压土族人民一段历史请教过一些土族老人，说到这段苦难历史，老人们摇不完的头，倒不尽的苦。老人们说，妇女们胆小害怕，头饰一夜间改了，男人们连毡帽都不能戴，路上有土族

男子戴毡帽，马家军见了，一巴掌就打掉；土族学生到学校不能讲本民族语言，不能穿本民族服装，说土语就说是说“黑话”，要遭到毒打，致使有很多土族学生隐瞒了自己的民族成分，个别胆小怕事者直接改了自己的民族成分。至今有一首青海花儿还在很多地区流传——

马步芳修下的罗家湾，
拔走了心上的少年；
淌下的眼泪调成的面，
给阿哥烙下的盘缠。

1949 年，土族儿女和全国各族人民一样欢欣鼓舞，是共产党、毛主席把土族人民从水深火热之中解救了出来。1949 年 9 月 5 日，人民解放军解放了西宁市，统治青海各族人民近 40 年的马家军阀政权彻底覆灭，1949 年 9 月 12 日互助县解放，土族人民翻身做主。

土族人口虽然较少，但其分布区域相对辽阔，水土肥沃，物产丰

传统的耕作劳动情景　（那朝庆摄）

富，海拔较高，气候类型复杂多样，为宜农、宜牧、宜林之宝地。黄河、湟水谷地是青海省土族的主要聚居地区，这里分布有互助土族自治县、大通回族土族自治县、民和回族土族自治县和乐都县达拉土族乡。河湟谷地开发较早，加之这里土地肥沃，气候湿润，灌溉便利，适宜农作物生长和园艺作物栽培，现已成为青海省的商品粮生产基地。青海省黄南藏族自治州境内的土族，主要聚居于同仁县隆务河两岸，这里土地肥沃，是该县的主要产粮区。同时，这里也是闻名遐迩的“五屯艺术”（亦即“热贡艺术”）的故乡。甘肃省的土族聚居地区，大都山高沟深，地势由西北向东南倾斜，气候北部较冷，南部温和，适宜农业、牧业和林业的发展。长期以来，生活于青、甘地区的土族人民以经营农业为主，兼营牧业、林业和园艺业。

土族世代繁衍生息在青藏高原东北部、祁连山东南麓及黄河、湟水、大通河和洮河流域。长期以来，勤劳、智慧、淳朴的土族人民开发了这片肥沃、神奇的土地，为该地区的发展作出了重大贡献。特别是改革开放以来，土族人民紧跟时代步伐，改变传统中守旧、落后的陈腐观念，土乡经济、文化、教育、科技等各项事业得到快速发展。

时代在进步，人们的观念在转变，在市场经济的大潮冲击下，土族人早已不再固守那祖辈们传下来的“一亩三分田”，而把更多的目光投向了“打工者”的世界，无论在家乡还是在他乡，土族人以自己的方式凭勤劳和智慧创造着生活，为加快小康社会建设而努力奋斗着。

第二节　农耕文明唱主调

土族居住地区属于温带大陆性气候或高原气候；自然环境复杂多样，有高山、中山、低山、浅山、河谷、川水地区等不同的地形地貌。在不同的自然地理环境下，适合当地的经济发展模式也是不同的，比

如互助、民和和同仁等地土地肥沃，气候温暖，适合发展农业，其中互助县是全国商品粮基地县；而大通和天祝等地多为高山或浅山，则适合发展林业和畜牧业。针对不同的地理环境，土族人民调整种植结构，因地制宜地搞好生产。以农业为例，应进行立体布局，浅山地区以种植马铃薯为主；半浅、半脑、脑山地区种植油菜为主，川水地区以种植蚕豆蔬菜为主；山区以种植中藏药为主。

除了根据地区优势，发展特色经济之外，还要发挥人的主观能动性，采取不同的方式来改造地理环境，比如发展林业、浅山坡耕地、水平梯田、脑山（青海人把靠近大山的高寒地区称为“脑山”）和半浅半脑山（地理条件不太好的地段）耕地、石质地段、荒山荒坡就要采取不同的模式，根据不同的海拔高度和气候、土壤条件选择不同的树种。做好退耕还林工作，搞好“三北”防护林的建设，这对于减少水土流失，改善生态环境都具有重要意义。在这个过程中，还要注重对水资源的合理利用和保护。

从工农业生产的潜力来看，土族聚居的地区有青稞、小麦、油菜、蚕豌豆、马铃薯等粮食作物；还有石灰岩、石膏、钙芒硝等矿产资源，利用地区资源优势，大力发展特色产业，青稞酒产业的崛起就是一个代表。

在宁互高速公路互助出口，位于路东的一栋栋蓝白相间的高标准观光温棚格外引人瞩目。这里，就是青海海东国家农业科技园区（互助示范园），它的前身为高原特色现代农业（互助）示范园区，也是国家级现代农业示范区核心区。按照省委、省政府“四区两带一线”区域经济总体规划和“河湟地区特色农牧业百里长廊”发展规划，围绕地委、行署提出的“园区引领、产业集中、县域有别、培育主体、提质增效”的园区发展思路，2008 年 7 月开始建设。2010 年 12 月，青海海东农业示范园区被国家科技部命名为国家级农业科技园区，互助农业示范园区成为青海海东农业科技园区“一区两园”建设模式的核心组成部分，2012 年 1 月，被国家农业部正式命名为“国家级现代农业示范区”。

青海海东国家农业科技园区（互助示范园）规划总面积 55.5 万亩，规划总投资 28 亿元，划分为核心区、示范区、辐射区三大功能区。

核心区规划占地面积 0.5 万亩，位于威远镇南郊。核心区以“品种优良化、产品优质化、生产标准化、结构合理化、管理企业化、效益最大化”为目标，主要开展：现代农业新品种、新技术的引进、培育、繁殖、展示、研发；特色农产品加工、现代物流、信息网络和科技普及、培训及现代农业观光、休闲创意农业等工作。核心区可划分为四大板块，即科技研发实训区（主要从事新品种、新技术、新工艺的研发、引进、转化和实用技术培训等工作，规划占地 800 亩）、生态农业观光区（主要从事新品种、新技术、新工艺的展示，蔬菜瓜果采摘和农事民趣的体验及观光旅游、休闲娱乐、商贸洽谈等工作，规划占地 1000 亩）、绿色产业加工区（主要从事高原绿色产业发展和绿色食品精深加工，着力打造“互”字牌特色优势农畜产品品牌，规划占地 1600 亩）和特色作物展示区（主要从事高原特色无公害农作物展示，规划占地 1600 亩）。

示范区规划占地面积 5 万亩，涉及威远、塘川、台子、五峰、林川、东和、东沟、巴扎、加定、红崖子沟、哈拉直沟 11 个乡镇，176 个行政村，5.06 万户，21.33 万人。按照“园区＋企业＋协会＋基地＋农户”的运行模式，依托农畜产品加工龙头企业，大力发展订单农业，建成优质杂交油菜制种基地 2.5 万亩、优质脱毒马铃薯繁种基地 1 万亩、特色蔬菜生产基地 1 万亩、优质蚕豆繁种基地 0.5 万亩、八眉猪良种仔猪繁育基地和牛羊养殖基地。

辐射区规划占地面积50万亩以上，以“承接园区、增强带动、实现一体”为目标，开展新品种、新技术和新成果的转化应用，充分发挥示范基地的辐射带动作用，建成优质杂交油菜丰产栽培示范区30万亩、特色蔬菜生产示范区10万亩、优质马铃薯高产栽培示范区5万亩、优质蚕豆标准化生产示范区5万亩，年出栏良种仔猪10万头以上的八眉猪生态养殖示范区以及年育肥2000头牛羊的标准化养殖示范区。同时，园区积极创新发展思路，组建了农牧业产业化开发公司，按照“自主经营、自负盈亏”的原则，积极构建购销、经营、信息网络体系，通过融资、申报项目等方式，认真开展生产经营活动，积极参与园区建设，有效地促进了园区的发展。

2012年，园区实现产值6亿元、带动区内农户户均增收3200元。

农业科技园区的发展，将会促进土族地区社会经济的发展，也会促使其分布格局的改变。

农耕文明倡导的是夫唱妇随。土族人家，自古讲究男主外，女主内，但这说的是出远门时一般都是男人出门，女人在家伺奉老人，抚养孩子。在生产劳动中土族妇女“巾帼不让须眉”，男人能干的活女人照样能干，而且更多的家务活有妇女承担，这可能是游牧生活的一种遗俗，因为游牧生活中男人只管放牛放羊，剩下的活全部由妇女完成，所以土族妇女不会抱怨生活劳累，她们认为养家糊口是女人天经地义的责任，只是传统观念中女人不扶犁铧，女人打墙时不能上墙头。

土族妇女贤惠能干、吃苦耐劳、任劳任怨，每年夏天男人们种完庄稼就出门打工去了，男人们不在家时，家里家外全靠妇女们支撑。

如今随着时代变化，打工风潮席卷大江南北，土族地区也不例外，有些青年男子一年四季都在外打工，一些人种完庄稼就出门挣钱，直到青藏高原被大雪覆盖才回到家里。留在家里的女人上伺候公婆，下抚养了女。整个春夏季节，土族妇女除草，打农药，洗洗补补，家里没有零花钱了，她们呼朋引伴上山采药，或者到附近打零工挣钱贴补家用。

土族妇女真正是任劳任怨的典范，从古至今是她们用柔弱的肩膀支撑着一个个家庭，因此土族古老的赞歌里有大半的内容是赞颂母亲，赞美女人的。

挖洋芋的土族妇女　（祁文汝摄）

传统习俗中土族男人不干家务活。出去劳动，男女一起去干，回到家里，男人就躺在炕上抽烟喝茶，女人此时没时间休息一下，猪圈里猪在哼哼着要吃食，鸡圈里鸡上飞下跳要食物；上学的儿子或女儿回来了，他们的肚子也饿着，做饭吧，缸里没水了，土族妇女不会叫男人去挑水，她们风风火火出门去挑水。

晚饭做好了，一家人吃饱喝足了，子女们开始做老师布置的家庭作业，男人打开了电视机，女人们洗锅刷碗，之后拿起了针线活，再忙她们也要给一家老小做几双布鞋，使他们穿起来更舒服一些。但是现在观念变了，土族姑娘、媳妇出去打工的不少，男人们也学会了做家务活。

家和万事兴，尊老爱幼兄弟亲，土族人一直以来注重亲情。吐谷浑第九代王阿财折箭遗子的故事在土族人民的口传下代代流传，至今有很多土族人家供奉着一支神箭，据说这就是从阿财遗子之后土族人为了不忘本而立的神。

孝敬老人，土家儿女认为天经地义，因此走进土乡听不到儿子虐待老人的事例，也无人说起某某人家的儿媳不孝敬公婆之类，说到不孝之子，土族老人们给小孙子们会讲一个故事。

话说以前有一个不想赡养父亲的儿子，领着自己的儿子，用架子车把老父亲拉到了一座深山沟里，父亲把车子和老人放下，给儿子说：我们回家吧。

此时小儿子看了看爷爷，再看看父亲说：阿爸，把车子拉上。

父亲说：车子不要了。

儿子说：没有车子咋成？你老了我用什么往山沟里拉你？

儿子的一番话让父亲幡然醒悟，赶紧把老父亲拉回了家，而且从此以后特别孝顺老人。

这故事代代相传，走进土乡随便问一个小孩：你知道架子车拉爷爷的故事吗？他们肯定会给你讲起来。

现在讲和谐社会，在土族村寨里这是不用讲而人人都会做的一件事。土族人有一句口头禅：出门靠朋友，在家靠兄弟。土族妯娌间弟媳妇称呼嫂子叫“新阿姐”，这称呼就说明土族家庭里相互间的一种尊长爱幼的良好习俗。

串个门走。这是土族男人吃完晚饭之后常说的一句话，串门也不是随便乱走，他们习惯到自己的兄弟家里。进了家门上炕，一壶茶，一包烟，家常话开始了，所聊的话题无外乎一年里你家的翻修房子，我家的添砖加瓦，甚至老母猪下猪仔了，一只猪仔看行情卖多少也要商量。

现在生活条件好了，弟兄几个全来了，做东的一人就会拿出酒，一边聊天一边开始了喝酒，话投机了，肠子热了，一曲曲赞歌和酒香一起就在农家小院里飘动飞扬。

第三节　特色旅游大发展

土族聚居的地区有丰富的旅游资源，可开展土乡风情游、森林公园生态游、宗教寺院游、酒文化游等多层次的旅游业务，从而带动其他产业的发展。

土族人信仰佛教，来到土乡，佛教寺院林立，随着旅游业的开发，寺院文化成为土乡旅游文化的品牌之一，就互助而言，有“湟北诸寺之母”美称的佑宁寺，有西北“皇寺”尊称的却藏寺，另外还有大小寺院 11 座，历代产生 230 多位大小活佛，有“佛寺天国”、“活佛之乡”的美誉。

到了互助，有一个不能不去的地方，它就是号称“湟北诸寺之母”的佛教寺院——佑宁寺。

佑宁寺位于互助土族自治县东南五十乡境内，距县城三十公里，距青海省会西宁 50 公里，是青海较大的藏传佛教寺院。该寺由三世达赖授记，四世达赖和四世班禅指派西藏第七世嘉色活佛在当地土、蒙古、藏族头人协助下，于明万历三十二年（1604 年）修建，海拔 2500 多米，占地面积 6 公顷，有殿堂 7 座。因地处郭隆地区，旧称“郭隆寺”。清代康熙年间，寺院规模宏大，包括大小经堂、僧舍等 2000 多个院落，寺僧达 7700 多人；设显宗、时轮、密宗、医明四个学院，成为青海湟水以北地区最大寺院，其属寺达 49 个，故有“湟北诸寺之母”的美称。

雍正二年（1724 年）该寺因参与罗卜藏丹津反清事件被清军烧毁。

雍正十年（1732 年）雍正帝下诏修复，并赐额“佑宁寺”。

这是西北地区有名的佛教寺院——佑宁寺全景　（祁文汝摄）

佑宁寺依山傍水，环境幽静，气势恢宏，寺与山层层叠叠，浑然一体。寺前一佛塔高耸入云，入寺便是大经堂，沿山间小路拾级而上，便通向了山腰的各个殿堂，它们镶嵌在陡峭的山崖上，造型奇特，依山而建；远远望去，苍翠的松柏参天挺拔，郁郁葱葱，寺院点缀在山间，完成了“深山藏古寺”的写意；山岭、古树、殿堂交相辉映，更增添了寺院的庄严、肃穆和恬静的气氛。

佑宁寺寺主为第七世嘉色活佛，已转世 13 世。每年正月初二到正月十五举行祈愿大法会。正月初八和十四是观经会，有跳欠等活动。正月十五有晒大佛活动；三月十五到四月十五有辩经会。主要经院有小经堂、大经堂、弥勒殿、天门寺等。小经堂是密宗学院，内有存经 108 卷，经堂内座床上供奉的佛像有：时轮金刚、释迦牟尼、密宗金刚。大经堂是显宗学院，内有房屋 86 间，可以同时容纳 500 余人诵经；供奉的佛像有：文殊菩萨、佛祖、宗喀巴、弥勒佛等。

除了享誉西北的佑宁寺，还有出过大清朝国师章嘉活佛的却藏寺。

佑宁寺观经会上的跳神 （祁文汝摄）

却藏寺在互助县南门峡镇境内，北距县城约20公里，经过山奇水秀的峡谷，眼前突然开阔起来，只见阡陌纵横，村落相望，这里是土乡有名的燕麦川和却藏滩，北面正中，在群山拱卫之中是湟北古刹却藏寺（却藏具喜不变洲）。

寺院座北朝南，东为凤山，西为龙山，由北向南延伸，恰似龙凤抱珠；对面有巍峨的狮子山屏障，高峰插天，长松绣地，一派雄浑气象。

却藏寺始建于清顺治六年（1649年），迄今已有350多年的历史。雍正元年，在罗布藏丹津反清事件中焚毁，后屡毁屡建。在鼎盛时期有僧侣800多人。在寺院建筑中以千佛殿最为庄严华丽，在藏传佛教中独具特色，遐迩闻名。

此外，甘肃天祝的天堂寺也是值得一说的佛家圣地。

2007年4月10日，在天堂寺附近，老百姓发现了一块似“龟驮宝

却藏寺最有名的千佛殿　（那朝庆摄）

盆”、又似“龙护宝盆”的巨大奇石，一时间在当地引起轰动，并被藏学专家初步认定为古老佛经中记载的由大通河河神供奉佛祖、天堂寺佑寺山神阿弥热高保护的“聚宝盆”。此奇石石质为花岗岩，从河中当时的位置南侧看去，形似一乌龟背负一莲花状宝盆，盆内注水，酷似一巨型砚台；从西侧看去，似一卧牛；从北侧看，似一神龙守护着一朵莲花。其莲花状的凹槽内，有两颗圆形石头，群众称作“龙眼石”，被当地一群众抱回家中。这块奇石周围有两块与之匹配相合的石头拱卫，一块属于“靠背石”，另一块是与其颈部非常吻合的凹槽，被称作“枕头石”，视之令人惊叹其天工巧夺。

据佛经记载，天堂寺有一奇宝，即由大通河河神供奉给佛祖的“美玉聚宝盆”，该寺高僧世代相传此聚宝盆由大通河沿岸十三位佑寺山神之一——阿弥热高山神护卫。历史上每逢枯水季节，阿弥热高神山下的大通河段水面就会有寿龟驮宝盆的奇石显现，僧俗群众无不顶礼膜拜，认为是地方兴盛祥瑞之兆。

天祝的山水间有奇石灵泉，其间还有散发着民族团结气息的香冢

——弘化公主墓，弘化公主唐代远嫁吐谷浑王，为当时的吐谷浑国和唐王朝的友好关系作出了不朽贡献，后来弘化公主墓发现在天祝县境内，为土族历史研究提供了宝贵资料。

公元 639 年，吐谷浑第 22 代王诺曷钵亲赴长安，这次是为亲事而来，诺曷钵在 635 年第一次觐见李世民时，就请求赐婚，得到了李世民的首肯。经双方四年的运作，这次婚姻已告成。李世民将宗室女弘化公主当作自己亲生的女儿嫁给了诺曷钵。大唐皇帝“天可汗”的女儿下嫁吐谷浑国王，非同小可，美名远播，传至四域，引起了四方可汗和国王们的极大羡慕和向往，那些自认为够资格的可汗国王们无不跃跃欲试。

民国 4 年，在弘化公主的墓中发现了墓志铭。铭文中有“既而延平水竭，惜龙剑之孤飞；秦氏楼倾，随风箫而长往，瑶水延德，巫山挺神，帝女爰降……王姬下姻，燕筐含玉”等颂赞夫妻恩爱的感人词句。

近年来，环青海湖国际公路自行车赛的举办为世界了解土乡增添了新的契机，环青海湖国际自行车赛开幕式在互助县连续举办三次，这为宣传土乡，让全国人民以及世界人民了解土族文化搭建了良好的平台。

花儿声声，盛赞改革发展；酒香阵阵，喜迎四海宾朋。

着力打造高原旅游强县，是互助土族自治县落实科学发展观的重要举措。按照这个发展思路，立足丰富的人文和自然资源优势，做强旅游这篇文章，力争全年接待游客达到 80 万人次，实现旅游总收入 6000 多万元。

充分依托和挖掘丰富的民族、宗教人文资源和自然资源优势，开发旅游产品。采取集中培训、专题培训等多种形式，对刺绣、盘绣、唐卡等的制作技术进行培训，组建以技术能手为主的土族刺绣、盘绣协会，以“协会＋农户”的形式组织生产。积极兴办旅游文化产品开发企业，开发刺绣、盘绣、土族歌舞服饰，开发玉雕、唐卡、松多石、藏香等旅游纪念品，满足游客购物需求，提升旅游文化品位。

丰富的旅游资源，加上独具特色的安召舞、轮子秋、土族刺绣，闪耀着民族的荣光，演绎着土乡人民彩虹般美丽的生活。

昆仑玉雕成的土族轮子秋　（祁文汝摄）

改革开放以来，互助县通过资金、技术和人才的投入，加大基础设施投资力度，加快城镇建设的速度和规模；改善经济结构，增大二、三产业的产值以加强对周围农村的辐射功能；吸引农村人口，促使当地一部分农业人口向非农业人口转变，从而改变土族生活地区的城乡分布。

在漫长的农业进程中，中华民族创造了不同风格的刺绣技法，在这些刺绣技法中，土族盘绣采用的是一针两线的独特的刺绣方法。

所谓一针两线，即土族阿姑在绣花时，用一根针在绣布上来回穿扎，每扎一根针，土族阿姑都会用彩色的丝线，在针脚上盘出一个直径为两毫米左右的圆圈，这样的圆圈密密麻麻地排列成精美的图案。

盘绣的立体感很强，加之土族阿姑在制作盘绣时通常会选用色彩较为热烈的红、绿、蓝、黄等颜色，使得盘绣作品更加显得生机盎然绚丽夺目。

盘绣选取的辅料质朴天然，散发出农业文明特有的芬芳。

在制作盘绣前，土族阿姑首先要选取坚韧的胡麻锤制，经过细心锤制的胡麻会变得十分柔软，但是胡麻之间相互牵连的纤维并没有断

土族盘绣——花腰带　（祁文汝摄）

裂，而是绞成了薄薄的一片。继而将胡麻榨油剩下的麻渣制成的糨糊，平铺在胡麻上，并粘上或黑或蓝的底布，然后在底布上用粉笔画出花样，并按照此花样开始绣花。

土族盘绣花样繁多，有表示土族先民宇宙观的神秘的圆形图案，有具有神秘图腾意味的几何图案，然而更多的则是各种花卉图案和表示吉祥的云纹图案，它们都是土族先民在日常生活中对自然的感悟，对美好生活的向往。

土族盘绣是第一批国家级非物质文化遗产保护项目之一。盘绣制品用料独特，工艺复杂，色彩艳丽，图案考究，经久耐用，深受各界人士青睐。长期以来，盘绣制品仅出自土族妇女之手，并未形成规模和产业化，近一两年，在政府和文化部门的支持和引导下，互助县五十镇和威远镇地区以及全县很多乡镇办起了土族刺绣加工厂。刺绣企业前景看好，成为互助文化产业支柱之一。

堆绣是同仁地区土族妇女劳动的艺术结晶。堆绣是一种运用“剪”、“堆”技法塑造形象的特殊的艺术。从技法上区分，它又分为

“剪堆”和“刺绣”，热贡地区的堆绣主要以剪堆为主。堆绣制作时，艺人根据内容表达需要选好种种颜色的绸缎，剪成一定尺寸的人物、走兽、花鸟等，用彩色绸缎粘压在事先剪好的纸张模式上，然后让颜色从浓到淡，依次粘堆。由于中间突出，故产生了较强的立体效果，犹如一幅丝质的彩色浮雕。堆绣的取材大都是佛经故事，多以人物为主，一般不表现大场面。它注重人物的造型和神态，讲究各色绸缎的配置，粗犷中见细腻，由于主体佛像突出，色彩鲜艳，对比强烈，有较强的立体感。堆绣，是刺绣艺术的创新，是刺绣与浮雕的结合。

第四节　民族教育走上新台阶

教育是民族振兴的基石，一个地区文化教育发展的水准，直接影响着劳动者的素质，下面以互助土族自治县为例对土族的文化教育进行有一种梳理和总结。

近 50 年来，互助土族自治县教育事业经历了一个“马鞍”型的曲折发展过程。大致经历了以下三个发展阶段：

第一阶段：新中国成立后的 17 年，这是教育起步、波动、恢复与初步发展时期。

新中国成立后，党和人民政府重视教育，及时调整了学校布局，更新了教材，新建和扩建了一部分学校。到 1950 年年底，全县学校已增加到 114 所（含完小 16 所），共有教师 178 名，学生 5944 名。到 1952 年年底，全县小学又增加到 137 所（含完小 17 所），共有教师 255 名，学生 12 777 名（少数民族学生 1929 名）。1952 年正式成立互助中学，这是本县历史上第一所初级中学，1957 年到 1958 年，由于积极贯彻毛主席提出的教育方针以及党的“两条腿走路”方针，各类学校面貌有了较大改观，学校数量迅速增加。

1949～1957 年，互助县的教育事业得到了较大的发展，这一时期，教育事业的发展考虑到了需要与可能两方面的因素，因而其发展速度比较稳妥。

自 1958 年起，由于受“大跃进”的影响，教育发展过猛，师资严重不足，教育质量下降，无论是学校数量和学生人数都超出了当时的客观条件。

20 世纪 60 年代初期，由于三年自然灾害，国民经济暂时遇到困难。1962 年随着经济的迅速恢复和发展，互助教育事业也相应进行了调整、充实，重新走上了健康发展的轨道，连续几年，发展比较稳健。

第二阶段：“文化大革命” 10 年，互助教育遭受破坏时期。虽然从学校建设上来看，达到了乡上有中学，大队有小学，但学校经常“停课闹革命”，教学秩序混乱，各项工作不能正常开展，教学质量下降，整个教育工作处于停滞不前的局面。

第三阶段：“文化大革命”后 14 年，这是教育发展较快时期。粉碎“四人帮”后，特别是党的十一届三中全会以来，教育事业出现了新的生机，学校工作重点开始转移到以教学为中心，提高教育质量上来。小学教育、中学教育、民族教育、职业教育、业余教育、幼儿教育都有了较大的发展。

回顾互助县教育发展的历程，尽管走过了一条曲折的道路，但其成绩仍然是显著的。2007 年与 1949 年相比，各级各类学校增长了 3.7 倍，在校学生增长了 12.3 倍，总的发展趋势是近 10 年比前 30 年快，最近 10 年中，后 5 年则比前 5 年快。到 2007 年底，全县有各级各类学校 346 所，其中高级中学 1 所，完全中学 6 所，初级中学 18 所，九年一贯制学校 6 所，完全小学 213 所，寄宿制完全小学 12 所，初小 26 所，教学点 55 个，幼儿园 7 所（其中民办 4 所），职业技术学校 1 所，特殊教育学校 1 所。全县共有在校学生 65 857 人，其中少数民族在校

小学生7853人，占全县小学在校生的26.79%；在校中学生5460人，占全县中学在校生的20.46%，并专设1所民族中学，在校生1889人；少数民族教职工845人，占全县教职工的19.96%。

这两年，互助县坚持“两基”工作中心地位不动摇、不放松，坚持“巩固成果、深化改革、持续发展、提高质量”的原则，构建严密、科学、规范、高效运转的县、乡、村三级“两基”管理网络，建立科学、合理、完善、齐备的教育档案资料，健全和规范思路新、措施硬、管理严、监控科学的“两基”责任制度，推动了“两基”巩固提高工作的整体发展。上半年全县6～11周岁适龄儿童入学率100%；初中阶段入学率106.7%。全县普九各项刚性指标整体得到巩固和提高。

高中教育规模进一步扩大，入学率达到57.9%，在校生达到12 000名，高中阶段专任教师达560名。幼儿教育如雨后春笋，呈现出良好的发展势头，8所公办幼儿园、24所民办幼儿园及280个村办学前班协调发展，公、民办幼儿园的办院水平不断提高。

全县信息技术教育项目投资达到677.3万元，实施三种模式项目共349个，今年又有模式二项目29个和模式三项目24个已通过国家项目办审批，进入设备竞标阶段，预计9月底前能全部落实到位；今年的项目完成后全县信息技术教育三种模式覆盖率将达到100%；标准化学校建设“2950”工程已有27所学校达到标准，完成总任务的44.3%。城南学校等15所学校被省教育厅评估认定为“青海省标准化学校”。

50多年来，互助县教育事业的发展总的来说是成功的，尤其是2000年以来快速的发展和骄人的成绩，得到了社会各界的公认和赞誉。义务教育阶段教学成绩稳步提升，入学率、巩固率保持良好，高中教育教学质量逐年上升，普通高中招生录取升学率多年来居海东地区前茅，职业技术学校被认定为国家级重点职业技术学校；同时，近年来政府对教育的支持力度进一加大，对学校基础设施建设、稳定教师队伍、提高教育教学质量起到了积极作用；学校管理正在向民主、科学、和谐的方向迈进。至 2012 年，土族地区涌现出了享受国务院津贴、全国教育系统劳模、人民教师奖章获得者、全国劳模、全国五一劳动奖章获得者、全国十大师德标兵、全国优秀辅导员、特级教师、孺子牛金球奖获得者刘让贤，全国优秀教师、全国优秀师德标兵白玉海，全国优秀教师李清花，还有全省劳模、“十杰”校长，全国中学校园文化建设“百佳优秀校长”等一大批先进教师典型。

第五节　党的关怀照土乡

在构建和谐社会的今天，土族儿女正在用勤劳的双手建设自己美丽的家乡；新时代、新家园、新农村、新征程。祁连山下，物阜民康；河湟两岸，海晏河清，彩袖翻飞舞“安召”，“花儿”新曲唱盛世。至今，土族山村里不再是“面朝黄土背朝天”的辛勤劳作，春播秋收之时，到处是农机具欢快的轰响声，土族儿女也不再是靠天吃饭的旧观念，他们学会了科学种田，他们习惯说：以前是两个爪子刨着吃，改革开放以后是坐着吃。

作为全省的民俗文化大县，互助土族自治县以土族民俗风情为主体的民族民间文化资源丰富多样，特色鲜明。土族歌舞艺术、服饰文化、饮食习俗，刺绣工艺，手工艺品等都是民族文化中的瑰宝，也是发展文化产业得天独厚的优势。为此，互助突出民族特色，引领文化产业创新发展。

自 2005 年以来，互助的《土族婚礼》等七个项目被批准列入国家级非物质文化遗产保护名录；《土族酩馏酒》等六个项目又被批准为省级非物质文化遗产保护项目。众多的非物质文化遗产项目为文化产业

的发展提供了丰富的内容。县上成立了土族民俗文化研究办公室，确定课题，对土族民俗文化做专题研发，已经取得阶段性成果。其中的土族歌曲、土族舞蹈、土族音乐、民族手工艺品、土族盘绣等方面的研发成果已经或正在成为文化产业的核心内容和主要特色。

互助县先后成功承办7届环湖赛赛事和两届开幕式，承办了2010全国热气球精英赛。各种赛事的成功举办，为民族文化的宣传起到积极作用，通过宣传，让外界了解了互助，展示了土族风采，扩大了土族影响力，提升了互助知名度；通过赛事宣传推介，推动了互助旅游事业的极大进步；加快了互助招商引资步伐，促进了经贸发展。

土族歌舞艺术是土族民族文化中的精华，也是在互助县最早转化为产业优势的文化资源之一。

早在2002年，互助就成立了安纳歌舞队，迄今为止，安纳歌舞队仍然是全县唯一的专业文艺团体．在县文化馆的专业扶持下，歌舞队编排、演出了大量具有较高艺术水准和浓郁地方与民族特色的歌舞节目，取得了良好的经济效益和社会影响。《土族婚礼》、《七彩袖》、《轮子秋》等节目已成为土族歌舞艺术中的精品，深受广大群众喜爱。

2008年安纳歌舞团参加了2008北京奥运会开幕式前的表演，2009年第八届环青海湖自行车赛开幕式所有伴舞均由互助县安纳歌舞团完成。土族歌舞不但有了承接大型演出的能力，而且弘扬了土族歌舞艺术，推动了土族文化事业的发展，还取得了良好的经济效益，为发展土乡文化产业铺开了道路。

随着互助土族民俗文化旅游业的发展，民俗文化旅游工艺品的市场前景日渐广阔。为此，互助以土族民俗文化研究工程的实施为契机，设计、制作了“土族福娃”系列工艺品一套，“土族阿姑”挂饰一套和“土族妇女”挂饰一套。环湖赛“土族福娃”作为纪念品送与来自五大洲的自行车运动员，让他们感受到土乡人民的好客，了解土族服饰文化。设计出土族盘绣十二生肖、京剧脸谱等手工艺品，推广到全县民俗旅游接待点，买家众多，为土族妇女发家致富插上了翅膀。

土族民俗风情是互助县旅游业的核心，也是吸引游客的关键。目前，互助县已确定了“文化包装旅游”的总体发展思路，就是要以纯正的土族民俗文化包装旅游市场形象，规范民俗风情接待服务行为，实现土乡文化事业和旅游产业的共同发展。土族服饰、歌舞、音乐、画册、工艺品、导游词等正在全县旅游市场得以推广或规范，此举全面提升了互助土族民俗旅游的品位，并间接产生了巨大的经济效益和良好的社会效益。

一方水土一方人，土族文化产品研发，是推动文化产业蓬勃发展的动力，是落实创新的具体体现。为此，互助以土族民俗文化研究工程为龙头，以各项国家级和省级非物质文化遗产为重点内容，推进文化精品生产和创作，努力推出一批思想性艺术性俱佳、群众喜闻乐见、具有较高开发价值和广阔市场前景的优秀文化产品。汉、土、藏、回等民族在河湟谷地和谐相处，共同发展，创造了汉民族文化与少数民族文化相融合的“河湟文化”，展现出独特的文化生态景观。纳顿节、旅游品牌、朝山文化等，让人处处感受到原生态的清新和多元化的斑斓。

参考文献

［1］吕建福．土族史．中国社会科学出版社，2002.

［2］青海土族民间文化集编委会．青海土族民间文化集．青海人民出版社，2009.

［3］马光星．土族文学史．青海人民出版社，1999.

［4］李占忠等编著．甘肃土族文化形态与古籍文存．甘肃民族出版社，2003.

［5］李克郁，李美玲，李永翎主编．土族婚丧文化．青海人民出版社，2003.

［6］中国土族．2009—2012 年各期．

后记

2009年9月，我有幸走进鲁迅文学院，成为第十二届中国少数民族作家高研班一名学员，我在中国文学的最高学府——鲁院有四个月的进修学习，这是我的荣幸，更是命运的造化。

今天，往事重提，是因为当时有很多文学大家在讲课的时候很多次提到一句话，他们说：你们是五十五个少数民族作家的代表，要记住的是，此时你们不仅仅是代表着你自己，你代表着一个民族，每一个学员要努力成为本民族的文化代言人。

做一个民族文化的代言人很难，往这个方向努力是义不容辞的责任。

作为一个土族作家，我在代言的问题上寻找方向，寻找一种突破口的时候，接到了中国人口出版社张宏文老师的电话，他说，他们出版社要编辑出版一套少数民族文化丛书，希望我能完成土族卷的撰稿。

接完电话，我从心底感谢张老师，他给了我做一次代言人的机会，我一定要写好。

一年多，我利用业余时间查资料，搞调查，抓紧一切时间写稿，时至今日，十万字的东西摆在了案头，然而敲定最后一个字时，我有一种深重的力不从心的悲凉。作为一个土族人，面对自己的民族文化，我感觉到自己文化知识储备的单薄，体会到以往挖掘本民族历史文化的肤浅。

是的，写一部土族史诗性的厚重之作的愿望产生时间很长，动笔了才感觉“史诗”二字的沉重及苍凉，本次写作给我一个警示，以后一定要努力，要拿出一部让自己满意的有关土族的成功的、有价值的传世之作。

这是后话，今天要说的是，虽然写出的作品自己也有些不满意，但是作为一个民族作家，毕竟为自己的民族，养育自己的故土做了些微的努力，心里还有一丝安慰。值此作品完成之时，特别感谢在完成这部作品中给于我帮助的一些师友。

感谢张宏文老师，感谢他在写作过程中给予很多的帮助。

还要感谢青海省作协土族作家马光星老师，整个写作当中他给予了写作内容及写法上的诸多指导，并对一些章节的写作给予了具体的指导。

另外还要感谢青海省民委乔生华老师，他在我完稿之时，仔细审阅了全稿。互助县民宗局土族语文办公室的乔志良、董文寿两位同志，给我搜集了很多需要的资料，就书写土族传统文化方面提出了一些宝贵的建议。

为了更好展示土族文化，文中有二十多幅插图，感谢插图作者保广元、祁文汝、那朝庆三位同志，他们提供了有关土族和互助的摄影作品，让我很轻松地完成了插图部分，在这里向他们说一声：谢谢！

书稿完成之时，墨香弥漫开来，感恩之意随书页翻动——永远常在。

东永学

2013 年 4 月